| 영역 | 과목 | 교재 | 예비 초등 | 1-2학년 | 3-4학년 | 5-6학년 | 예비중등 |
|---|---|---|---|---|---|---|---|
| 쓰기력 | 국어 | 한글 바로 쓰기 | P1 · P2 · P3<br>P1~3_활동 모음집 | | | | |
| 쓰기력 | 국어 | 맞춤법 바로 쓰기 | | 1A · 1B · 2A · 2B | | | |
| 어휘력 | 전 과목 | 어휘 | | 1A · 1B · 2A · 2B | 3A · 3B · 4A · 4B | 5A · 5B · 6A · 6B | |
| 어휘력 | 전 과목 | 한자 어휘 | | 1A · 1B · 2A · 2B | 3A · 3B · 4A · 4B | 5A · 5B · 6A · 6B | |
| 어휘력 | 영어 | 파닉스 | | 1 · 2 | | | |
| 어휘력 | 영어 | 영단어 | | | 3A · 3B · 4A · 4B | 5A · 5B · 6A · 6B | |
| 독해력 | 국어 | 독해 | P1 · P2 | 1A · 1B · 2A · 2B | 3A · 3B · 4A · 4B | 5A · 5B · 6A · 6B | |
| 독해력 | 한국사 | 독해 인물편 | | | 1~4 | | |
| 독해력 | 한국사 | 독해 시대편 | | | 1~4 | | |
| 계산력 | 수학 | 계산 | | 1A · 1B · 2A · 2B | 3A · 3B · 4A · 4B | 5A · 5B · 6A · 6B | 7A · 7B |
| 교과서 문해력 | 전 과목 | 교과서가 술술 읽히는 서술어 | | 1A · 1B · 2A · 2B | 3A · 3B · 4A · 4B | 5A · 5B · 6A · 6B | |
| 교과서 문해력 | 사회 | 교과서 자료 독해 | | | 3-1 · 3-2 · 4-1 · 4-2 | 5-1 · 5-2 · 6-1 · 6-2 | |
| 교과서 문해력 | 수학 | 문장제 기본 | | 1A · 1B · 2A · 2B | 3A · 3B · 4A · 4B | 5A · 5B · 6A · 6B | |
| 교과서 문해력 | 수학 | 문장제 발전 | | 1A · 1B · 2A · 2B | 3A · 3B · 4A · 4B | 5A · 5B · 6A · 6B | |
| 창의·사고력 | 전 과목 | 교과서 놀이 활동북 | 1~8 | | | | |
| 창의·사고력 | 수학 | 초등 수학 놀이 활동북 | 1~10 | | | | |

\* 완자 공부력 신간은 계속해서 출간됩니다.

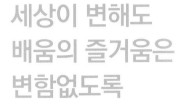

## 세상이 변해도
## 배움의 즐거움은
## 변함없도록

시대는 빠르게 변해도
배움의 즐거움은
변함없어야 하기에

어제의 비상은
남다른 교재부터
결이 다른 콘텐츠
전에 없던 교육 플랫폼까지

변함없는 혁신으로
교육 문화 환경의 새로운 전형을
실현해왔습니다.

비상은 오늘, 다시 한번
새로운 교육 문화 환경을 실현하기 위한
또 하나의 혁신을 시작합니다.

오늘의 내가 어제의 나를 초월하고
오늘의 교육이 어제의 교육을 초월하여
배움의 즐거움을 지속하는 혁신,

바로, 메타인지 기반 완전 학습을.

**상상을 실현하는 교육 문화 기업 비상**

**메타인지 기반 완전 학습**

초월을 뜻하는 meta와 생각을 뜻하는 인지가 결합한 메타인지는
자신이 알고 모르는 것을 스스로 구분하고 학습계획을 세우도록 하는
궁극의 학습 능력입니다. 비상의 메타인지 기반 완전 학습 시스템은
잠들어 있는 메타인지를 깨워 공부를 100% 내 것으로 만들도록 합니다.

🔍 **교과서 문해력** 사회 교과서 자료 독해 3-1

안녕? 나는 호기심 대장 뭉치야!

나는 이곳저곳을 다니며 모험하는 것을 아주 좋아해!

이번에는 **사회 공부 비밀을 간직하고 있는 섬을 탐험**할 거야.

섬을 탐험하려면 너의 도움이 필요해.

자신이 없다고? 걱정하지 마!

"**완자 공부력**" 이 있잖아!

이제 함께 모험을 떠나 볼까?

# 왜 자료가 중요할까요?

자료에서 정보를 읽어 내는 **자료 문해력**이 사회 공부의 핵심이야!

## 3-1

| 교과서 주제 | 교과서 속 자료 |
| --- | --- |
| 장소 | 사진 |
| 심상지도 | 심상지도 |
| 장소감 | 그림 |
| 지역과 장소 | 표 |
| 디지털 영상지도 | 디지털 영상지도 |
| 디지털 영상지도 이용 | 디지털 영상지도 |
| 살기 좋은 곳 만들기 | 순서도 |
| 시간 표현 | 기사 |
| 시간의 흐름 | 학급 시간표 |
| 연표 | 연표 |
| 연표 만들기 | 연표 |
| 오래된 물건 | 사진 |
| 오래된 자료 | 기사 |
| 지역의 모습 | 사진 |
| 지역 조사하기 | 계획서 |

## 3-2

| 교과서 주제 | 교과서 속 자료 |
| --- | --- |
| 저출산 | 그래프 |
| 고령화 | 그래프 |
| 지능정보화 | 사례 |
| 다양한 문화 | 사진 |
| 문화의 확산 | 그래프 |
| 문화 확산의 영향 | 기사 |
| 세시 풍속 ① | 그림 |
| 세시 풍속 ② | 그림 |
| 옛날 놀이 | 그림 |
| 옛날의 교통수단 | 사진 |
| 오늘날의 교통수단 | 그림 |
| 교통의 발달 | 사례 |
| 옛날의 통신수단 | 사진 |
| 오늘날의 통신수단 | 그림 |
| 통신수단의 발달 | 사례 |

학년별, 주제별로 **꼭!** 나오는
## 사진, 지도, 그래프 등의 핵심 자료로 구성!

어떤 자료를 배우는지
알아볼까?

### 4-1

| 교과서 주제 | 교과서 속 자료 |
| --- | --- |
| 지도 | 사진 |
| 방위 | 지도 |
| 기호와 범례 | 지도 |
| 축척 | 지도 |
| 등고선 | 지도 |
| 지역의 위치 | 지도 |
| 면적과 인구 | 지도 |
| 땅의 생김새 | 지도, 사진 |
| 기온과 강수량 | 그래프 |
| 국가유산 | 사진 |
| 지역의 국가유산 | 보고서 |
| 박물관, 기념관, 유적지 | 사진 |
| 경제활동 | 사례 |
| 생산과 소비 | 사례 |
| 경제 교류 | 기사 |

### 4-2

| 교과서 주제 | 교과서 속 자료 |
| --- | --- |
| 민주주의 | 생각 그물 |
| 민주적 의사 결정 | 사례 |
| 주민 자치 | 사진 |
| 주민 자치 참여 | 기사 |
| 지역문제 | SNS |
| 지역문제 해결 | 순서도 |
| 지역 알리기 | 누리집 |
| 환경 | 사진 |
| 지역의 환경 ① | 지도, 사진 |
| 지역의 환경 ② | 지도, 사진 |
| 지역의 변화 | 지도, 사진 |
| 도시 | 사진 |
| 여러 도시 모습 ① | 지도, 사진 |
| 여러 도시 모습 ② | 지도, 사진 |
| 도시 문제 | 사례 |

# 어떻게 공부할까요?

## 첫째 날 교과서 자료 읽기

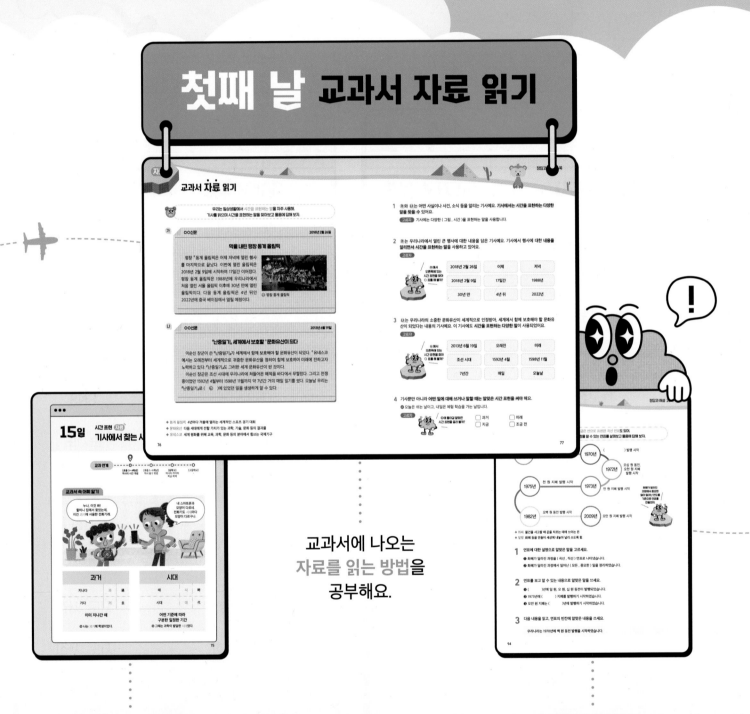

교과서에 나오는
**자료를 읽는 방법**을
공부해요.

교과서 어휘를
만화를 보며 익혀요.

자료 읽기를
연습해요.

# 둘째 날 교과서 내용 읽기

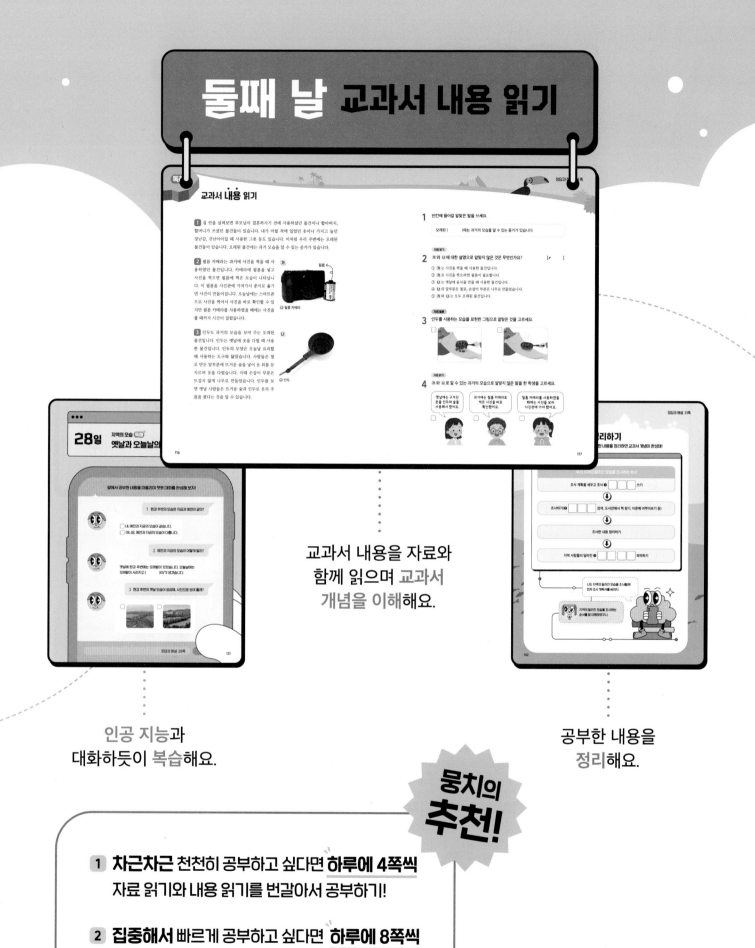

교과서 내용을 자료와
함께 읽으며 교과서
개념을 이해해요.

인공 지능과
대화하듯이 복습해요.

공부한 내용을
정리해요.

**뭉치의 추천!**

**1 차근차근** 천천히 공부하고 싶다면 **하루에 4쪽씩**
자료 읽기와 내용 읽기를 번갈아서 공부하기!

**2 집중해서** 빠르게 공부하고 싶다면 **하루에 8쪽씩**
자료 읽기와 내용 읽기를 한꺼번에 공부하기!

# 무엇을 공부할까요?

눈이 녹지 않는 얼음 섬!

먼 옛날에 용암으로 만들어진 화산 섬!

모래바람이 부는
사막 섬!

# 3 단원 | 일상에서 경험하는 시간의 흐름

커다란 폭포가 흐르는
정글 섬!

# 4 단원 | 과거와 달라진 생활 모습

정답과 해설도 있어!

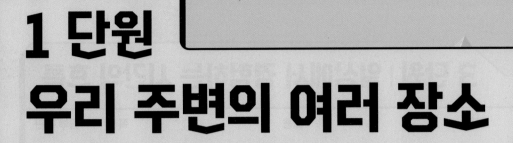

# 1 단원
# 우리 주변의 여러 장소

✦ **이 단원에 나오는 자료** | 사진, 심상지도, 그림

## 주제 ③

▶ **장소감**

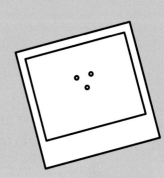

▶ **뭉치**
먼저 얼음 섬을 탐험해 볼까?
섬에 숨어 있는 다양한 자료를
함께 찾아보자!

# 단원 준비하기

이 단원에서는 사진으로 우리가 가는 곳에 대해 배울 거야.
나도 내가 자주 가는 곳들의 사진을 준비하였어.
다섯 고개 놀이로 내가 가장 좋아하는 곳의 사진을 찾아볼래?

**첫 번째 고개!**
이곳은 여러 사람이 함께 이용하는 곳이야.

**두 번째 고개!**
이곳에서 전시회 같은 행사가 열리기도 해.

**세 번째 고개!**
이곳에서는 뛰거나 큰 소리로 이야기하면 안 돼.

**네 번째 고개!**
이곳에서는 다양한 책이나 자료를 빌려주기도 해.

**다섯 번째 고개!**
이곳에 가면 재미있는 책들을 마음껏 읽을 수 있어.

①

②

㉮ : 답정

와! 내가 생각한 곳과 네가 고른 곳이 같아.
이처럼 우리는 사진 속 모습을 보면서
다양한 이야기를 할 수 있어.

# 1일

## 장소 자료
# 사진으로 보는 우리 주변의 장소

교과 연계

[초등 3~4학년]
장소 경험과 장소감

[초등 5~6학년]
세계 대륙과 대양

[중학교]
장소감과 장소성

[고등학교]
-

## 교과서 속 어휘 알기

체험 학습 장소로 민속촌에 가볼까? 그곳에서 옛사람들의 생활을 알 수 있대.

좋아! 민속촌에서 새로운 경험을 할 수 있겠다!

| 장소 | | | 생활 | | | 주변 | | |
|---|---|---|---|---|---|---|---|---|
| 마당 | 장 | 場 | 살다 | 생 | 生 | 두루 | 주 | 周 |
| 곳 | 소 | 所 | 살다 | 활 | 活 | 가장자리 | 변 | 邊 |

**장소**
어떤 일이 이루어지거나 일어나는 곳
예 친구와 약속 장소를 정하였다.

**생활**
사람이나 동물이 일정한 환경에서 활동하며 살아감.
예 학생들은 학교에서 생활한다.

**주변**
어떤 대상의 둘레
예 문구점은 학교 주변에 있다.

# 교과서 **자료** 읽기

 우리가 생활하는 곳을 장소라고 해. 우리는 장소에서 다양한 경험을 하지.
우리 주변에는 어떤 장소가 있는지 사진으로 살펴보고 물음에 답해 보자.

산

강

학교

문구점

**1** 장소의 종류에는 산, 강과 같은 **자연**이 있어요. 자연에는 들, 계곡, 바다 등도 있어요.

고르자 장소에는 산, 강, ( 바다 , 도서관 ) 등과 같은 자연이 있습니다.

**2** 장소의 종류에는 건물이나 ◆기관처럼 **사람이 만든 곳**이 있어요. 이러한 장소로는 학교, 문구점 등이 있어요. 시장, 공원, 도서관 등도 사람이 만든 장소예요.

고르자 장소에는 학교, 문구점, ( 바다 , 도서관 ) 등과 같은 건물이나 기관이 있습니다.

**3** 우리는 장소에서 다양한 경험을 해요. **경험은 자신이 직접 해 보거나 겪은 일**이에요.

예 가족들과 강으로 놀러 가 자전거를 탔습니다.

고르자

학교에서의 경험으로 알맞은 말을 골라 볼까?

☐ 학교에 가면 재미있을 것 같습니다.
☐ 학교 운동회에서 달리기를 하였습니다.

**4** 자신이 장소에서 경험한 일을 이야기할 수 있어요. 이때 **장소, 장소에서의 경험, 경험을 하며 느낀 점** 등을 말할 수 있어요.

예 아빠와 문구점에서 동생의 생일 선물을 샀습니다. 동생의 선물을 고르면서 동생이 좋아할 것을 떠올리니 기분이 좋았습니다.

고르자

토요일에 가족들과 (       )에 올라갔어요. 올라가는 길에 푸른 나무와 예쁜 꽃을 보았어요. 높은 곳에서 바라 본 풍경이 아름다웠어요.

빈칸에 들어갈 알맞은 장소를 사진에서 골라 V 표를 해 보자.

◆ 기관 사회생활에서 일정한 역할과 목적을 위하여 설치한 기구나 조직

13

# 자료 더 읽기

우리 주변에는 또 어떤 장소가 있을까?
아래 사진을 살펴보고 물음에 답해 보자.

바다

공원

**1** 사진에 대한 설명이 맞으면 ○, 틀리면 × 표를 하세요.

❶ 바다는 자연이므로 장소가 될 수 없습니다. (          )

❷ 공원은 건물이나 기관처럼 사람이 만든 장소입니다. (          )

❸ 바다에 직접 가 보지 않아도 내 경험을 말할 수 있습니다. (          )

**2** 다음 내용에 알맞은 장소를 골라 사진의 빈칸에 기호를 쓰세요.

ㄱ 친구들과 수영을 하고 모래사장에서 모래성을 만들었어요.

ㄴ 가족들과 풀밭에서 맛있는 도시락을 먹고 나무 사이를 산책하였어요.

# 2일

장소 독해

# 우리 주변의 다양한 장소

앞에서 공부한 내용을 떠올리며 챗봇 대화를 완성해 보자!

**1 장소가 무엇이야?**

☐ 우리가 상상하는 곳입니다.
☐ 우리가 생활하는 곳입니다.

**2 교실에서 친구들과 공부하였던 경험을 한 장소 사진이 필요해. 이 장소 사진을 찾아 줘.**

☐    ☐

**3 위 사진 속 장소는 자연이야?**

( 네 , 아니요 ) , ( 자연 , 사람이 만든 것 )입니다.

# 교과서 내용 읽기

1 장소는 우리가 생활하는 곳을 말합니다. 우리 주변에는 다양한 장소가 있습니다. 장소에는 산, 강, 바다와 같은 자연이 있고, 학교, 도서관, 마트, 시장처럼 사람이 만든 건물이나 기관이 있습니다.

2 우리는 여러 장소에서 다양한 일을 경험합니다. 예를 들어 학교에서 친구들과 함께 생활하며 새로운 것을 배웁니다. 학원에서는 내가 더 알고 싶거나 관심을 가지고 있는 것을 익힙니다. 병원에서는 아픈 몸을 치료하고 더 건강해집니다.

3 마트나 시장에서 먹고 싶었던 과자나 과일을 사고, 문구점에서는 수업에 필요한 학용품을 사기도 합니다. 놀이터에서 친구들과 신나게 뛰어 놀거나 공원에서 산책하기도 합니다. 가족들과 산이나 바다에 놀러 가 자연을 느끼며 쉴 때도 있습니다.

가

나

↑ 마트                    ↑ 산

4 이처럼 우리는 주변에 있는 여러 장소에서 가족, 친구, 이웃 등과 함께 다양한 경험을 하며 살아갑니다.

**1** 빈칸에 공통으로 들어갈 알맞은 말을 고르세요.

( )은/는 우리가 생활하는 곳으로, 우리 주변에는 다양한 ( )이/가 있습니다.

☐ 건물   ☐ 기관   ☐ 자연   ☐ 장소

**2** 이 글에 대한 설명으로 알맞지 <u>않은</u> 것은 무엇인가요?   [✎     ]

① 도서관은 사람이 만든 건물입니다.
② 병원은 몸이 아플 때 가서 치료를 받는 장소입니다.
③ 학교에서 친구들과 생활하며 새로운 것을 배웁니다.
④ 수업에 필요한 학용품을 살 수 있는 곳은 공원입니다.
⑤ 우리는 주변의 장소에서 사람들과 함께 다양한 경험을 하며 살아갑니다.

자료읽기

**3** 가 와 나 에 대한 설명으로 알맞은 것은 무엇인가요?   [✎     ]

① 가 는 바다와 같은 자연입니다.
② 가 와 비슷한 경험을 할 수 있는 장소는 시장입니다.
③ 나 에서는 주로 내가 더 알고 싶은 것을 배웁니다.
④ 가 는 장소이지만, 나 는 장소가 아닙니다.
⑤ 가 와 나 는 모두 사람이 만든 건물이나 기관입니다.

**4** 다음 중 장소에서의 경험을 이야기한 학생의 이름을 쓰세요.   [✎     ]

• 윤서: 지난 주말에 가족과 함께 공원에 가서 재미있게 놀았어요.
• 준현: 도서관에서 열리는 그림책 전시회에 가서 구경하고 싶어요.

# 정리하기

✏️ 1, 2일차에서 공부한 내용을 정리하면 교과서 개념이 완성돼!

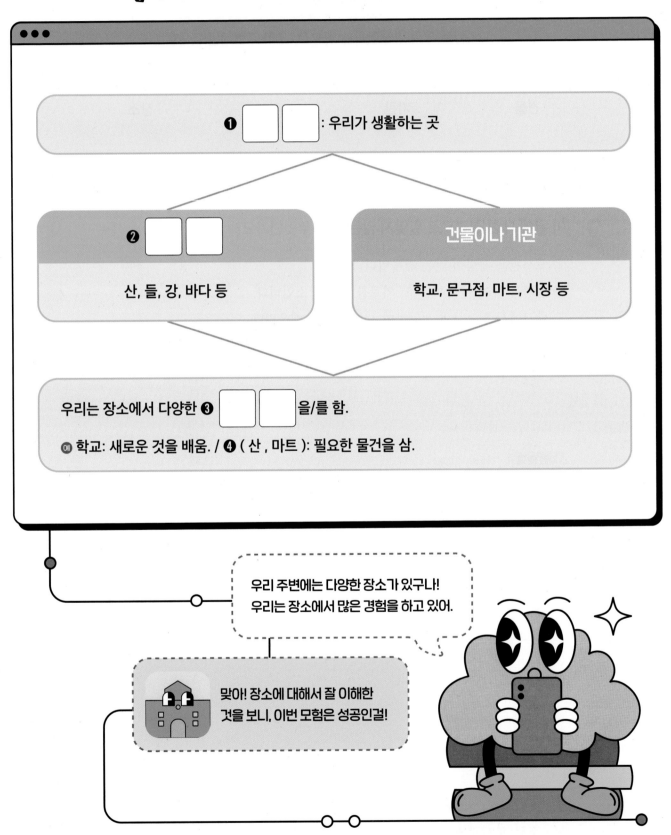

❶ ☐ ☐ : 우리가 생활하는 곳

❷ ☐ ☐

산, 들, 강, 바다 등

건물이나 기관

학교, 문구점, 마트, 시장 등

우리는 장소에서 다양한 ❸ ☐ ☐ 을/를 함.

예 학교: 새로운 것을 배움. / ❹ ( 산 , 마트 ): 필요한 물건을 삼.

우리 주변에는 다양한 장소가 있구나!
우리는 장소에서 많은 경험을 하고 있어.

맞아! 장소에 대해서 잘 이해한
것을 보니, 이번 모험은 성공인걸!

# 3일 심상지도 **자료**
## 심상지도로 보는 장소 표현

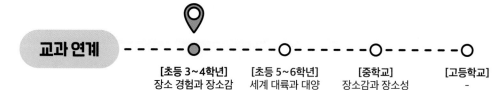

| | | | |
|---|---|---|---|
| [초등 3~4학년] 장소 경험과 장소감 | [초등 5~6학년] 세계 대륙과 대양 | [중학교] 장소감과 장소성 | [고등학교] - |

**교과 연계**

## 교과서 속 어휘 알기

지수가 자기 집에 오는 방법을 심상지도로 표현해 줬어. 저기가 문구점이네!

실제 문구점이 그림에서보다 더 작은걸! 지수에게는 문구점이 중요한가 봐.

### 심상지도

| 마음 | 심 | 心 |
|---|---|---|
| 모양 | 상 | 象 |
| 땅 | 지 | 地 |
| 그림 | 도 | 圖 |

사람의 머릿속에 있는 장소의 정보나 생각을 그림으로 표현한 지도

例 학교 주변을 심상지도로 그려보자.

### 표현하다

| 겉 | 표 | 表 |
|---|---|---|
| 나타나다 | 현 | 現 |

생각이나 느낌 등을 말이나 몸짓 등으로 드러내어 나타내다.

例 나의 경험을 그림으로 표현하였다.

19

# 교과서 자료 읽기

 심상지도는 장소에 대한 생각을 표현하기 때문에 장소에 대한 경험과 느낌이 드러나. 같은 곳에 사는 준수와 연아가 그린 심상지도를 살펴보고 물음에 답해 보자.

준수의 심상지도

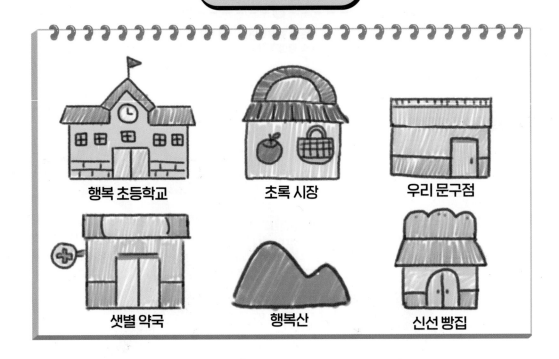

행복 초등학교    초록 시장    우리 문구점

샛별 약국    행복산    신선 빵집

연아의 심상지도

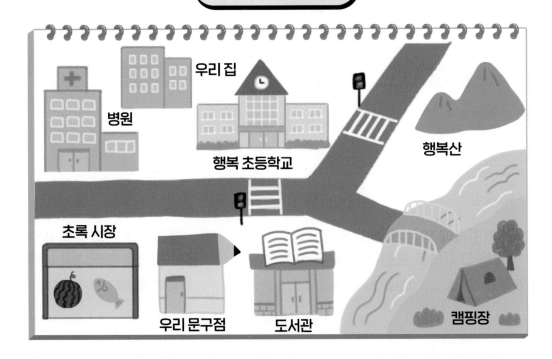

병원    우리 집    행복산    초록 시장    우리 문구점    도서관    캠핑장

행복 초등학교

**1** 준수와 연아는 주변 장소에 대한 생각을 심상지도로 표현하였어요. 심상지도에는 **실제 있는 장소**를 그려야 해요. 심상지도는 자기 머릿속에 떠오르는 장소에 대한 경험과 느낌을 표현하는 것이므로 **주변의 모든 장소를 그리지 않아도** 괜찮아요.

쓰자

준수와 연아 두 사람이 모두 그린 장소 세 곳을 더 찾아 써 보자.

| 행복 초등학교 | ✏ | ✏ | ✏ |
|---|---|---|---|

**2** 준수와 연아가 심상지도에서 장소를 표현한 모습이 달라요. 사람마다 장소에 대한 생각과 경험이 다르기 때문에 **장소를 표현한 모습이 실제와 다를 수 있어요**. 그리고 **같은 장소라도 그리는 사람에 따라 다르게 표현할 수 있어요**. 그래서 심상지도를 그릴 때 표현한 장소가 어디인지 다른 사람이 알 수 있도록 **장소의 이름**을 적어야 해요.

고르자
- 심상지도에서 장소를 표현한 모습은 실제와 ( 같을 , 다를 ) 수 있습니다.
- 같은 장소라도 그리는 사람에 따라 ( 같게 , 다르게 ) 표현할 수 있습니다.
- 심상지도를 그릴 때는 표현한 장소의 ( 이름 , 주소 )을/를 적어야 합니다.

**3** 준수와 연아의 심상지도를 각각 보면서 장소를 어떻게 표현하였는지 살펴볼 수 있어요.

 준수는 건물과 산의 겉모습을 따로따로 그렸습니다.

고르자 연아는 도로와 강을 그렸습니다. ( ○ , × )

**4** 준수와 연아의 심상지도를 함께 살펴보며 장소를 표현한 방법의 같은 점과 다른 점을 찾아볼 수 있어요.

고르자

| 같은 점 | • 준수와 연아의 심상지도에 모두 행복산이 표현되어 있습니다.<br>• 준수와 연아의 심상지도에 모두 표현된 장소는 ( 시장 , 도서관 )입니다. |
|---|---|
| 다른 점 | • 준수의 심상지도보다 연아의 심상지도에 더 많은 장소가 그려져 있습니다.<br>• 준수의 심상지도에는 도로가 없지만, 연아의 심상지도에는 도로가 있습니다.<br>• ( 약국 , 캠핑장 )은/는 준수의 심상지도에는 있지만, 연아의 심상지도에는 없습니다. |

21

# 자료 더 읽기

 준수, 연아와 같은 곳에 사는 진영이도 심상지도를 그렸대.
진영이의 심상지도를 살펴보고 물음에 답해 보자.

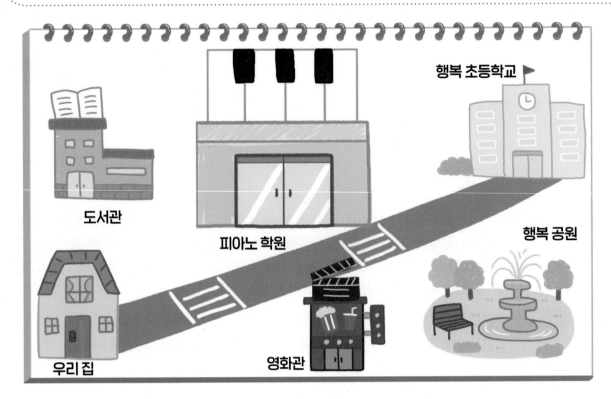

**1** 심상지도에 대한 설명이 맞으면 ○, 틀리면 ✕ 표를 하세요.

❶ 심상지도에는 장소에 대한 자신의 생각이 드러납니다. (         )

❷ 심상지도를 그릴 때는 주변의 모든 장소를 그려야 합니다. (         )

**2** 진영이가 그린 심상지도에 대한 설명으로 알맞은 말을 고르세요.

❶ 초등학교에서 ( 진영이의 집 , 영화관 )까지 가는 길에 있는 장소를 표현하였습니다.

❷ ( 도서관 , 피아노 학원 )을 가장 크게 그린 것을 보니, 진영이는 그 장소를 가장 좋아하는 것 같습니다.

**3** 다음은 진영이가 장소에서의 경험을 말한 내용입니다. 밑줄 친 '이곳'을 위에서 찾아 ○ 표를 하세요.

<u>이곳</u>은 우리 집에서 조금 멀어서 자주 가지 못하고, 주로 토요일에 갑니다. <u>이곳</u>에서 아빠와 자전거를 타고, 여름에는 멋진 분수 공연을 구경합니다.

# 4일

심상지도 독해

# 사람마다 다른 장소 표현

앞에서 공부한 내용을 떠올리며 챗봇 대화를 완성해 보자!

**1** 심상지도가 뭐야?

☐ 장소의 실제 모습을 그대로 표현한 지도입니다.
☐ 사람의 머릿속에 있는 장소에 대한 정보나 생각을 그림으로 표현한 지도입니다.

**2** 나와 친구가 그린 심상지도에서 같은 장소를 다르게 그렸어. 내가 잘못 그린 거야?

☐ 예, 같은 장소라면 누구나 똑같이 그려야 합니다.
☐ 아니요, 사람마다 장소에 대한 생각이나 장소에서의 경험이 다르기 때문에 같은 장소라도 다르게 표현할 수 있습니다.

심상지도 독해

정답과 해설 4쪽

# 교과서 내용 읽기

1 우리는 여러 장소에서 다양한 경험을 합니다. 놀이터에서 친구들과 재미있게 놀기도 하고, 시장에 가서 구경을 하며 맛있는 음식을 먹기도 합니다. 이렇게 주변 장소에서 경험한 일과 느낀 점을 그림, 글, 동시, 심상지도 등의 여러 방법으로 표현할 수 있습니다.

2 심상지도는 사람의 머릿속에 있는 장소에 대한 정보나 생각을 그림으로 표현한 지도입니다. 심상지도에는 실제로 있는 장소를 그립니다. 이때, 주변에 있는 모든 장소를 그리지 않아도 됩니다. 심상지도를 그릴 때는 먼저 그리고 싶은 장소와 그곳에서 경험한 일, 느낀 점 등을 떠올리고, 떠올린 장소의 모습을 자유롭게 표현합니다. 좋아하는 장소나 자신에게 중요한 장소는 더 크게 그릴 수도 있습니다. 장소들을 그린 다음에는 그 장소가 어디인지 알 수 있도록 장소의 이름을 쓰는 것도 잊지 않습니다.

3 심상지도에는 장소에 대한 개인적인 경험, 생각, 느낌이 드러납니다. 그래서 심상지도 속 장소의 모습은 실제 장소의 모습과 다를 수 있습니다. 또한 사람마다 경험과 느낌이 다르기 때문에 다음 심상지도처럼 같은 장소라도 그리는 사람에 따라 다르게 표현할 수도 있습니다.

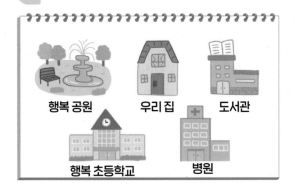

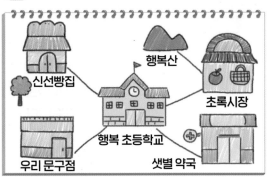

4 심상지도를 보면, 심상지도를 그린 사람이 장소에 대해 어떤 생각과 느낌을 가지고 있는지 알 수 있습니다. 따라서 내가 그린 심상지도뿐만 아니라 다른 사람이 그린 심상지도를 함께 살펴볼 필요가 있습니다.

**1** 빈칸에 들어갈 말로 알맞지 <u>않은</u> 것을 고르세요.

장소에서의 경험과 장소에 대한 생각을 (          )(으)로 표현할 수 있습니다.

☐ 글          ☐ 그림          ☐ 동시          ☐ 상상          ☐ 심상지도

**2** 심상지도에 대한 설명으로 알맞은 것은 무엇인가요?          [          ]

① 머릿속에 있는 장소에 대한 생각을 글로 표현한 것입니다.
② 심상지도에는 모든 장소를 그리고 장소의 이름을 써야 합니다.
③ 심상지도로는 장소에 대한 다른 사람의 생각을 알 수 없습니다.
④ 심상지도에서 장소를 표현한 방법은 사람마다 다를 수 있습니다.
⑤ 심상지도를 그릴 때는 주변에 있는 장소를 똑같이 그려야 합니다.

**자료 읽기**

**3** 다음은 가 와 나 를 비교한 설명입니다. 설명에 알맞은 장소를 고르세요.

| 같은 점 | • 가 와 나 는 모두 ❶ ( 길 , 건물 )을 중심으로 그렸습니다.<br>• 가 와 나 에 모두 표현된 장소는 ❷ ( 문구점 , 초등학교 )입니다. |
|---|---|
| 다른 점 | • ❸ ( 공원 , 빵집 )은 가 에는 있지만, 나 에는 없습니다.<br>• 나 는 가 와 다르게 ❹ ( 시장 , 초등학교 )을/를 중심으로 장소들을 연결하였습니다. |

**자료 활용**

**4** 나 에 대해 바르게 말한 학생의 이름을 쓰세요.          [          ]

준수: 초등학교 주변에 있는 산이나 도로를 그리지 않았으므로, 잘못된 그림이에요.
해준: 학교를 가운데에 그린 것으로 보아, 학교를 중요한 장소로 생각하는 것 같아요.
다운: 이 심상지도로는 그림을 그린 사람이 장소에 대해 가지는 생각을 알 수 없어요.

# 정리하기

✎ 3, 4일차에서 공부한 내용을 정리하면 교과서 개념이 완성돼!

❶ ⬜⬜⬜⬜ : 사람의 머릿속에 있는 장소의 정보나 생각을 그림으로 표현한 지도

## 심상지도를 그리는 방법

- 주변에 있는 실제 ❷ ⬜⬜ 을/를 그림.
- 내가 생각하는 장소를 자유롭게 표현함.
- 표현한 장소의 ❸ ⬜⬜ 을/를 씀.

## 심상지도의 특징

- 장소 표현이 실제와 다를 수 있고, 사람마다 표현이 ❹ ( 같을 , 다를 ) 수 있음.
- 심상지도를 보면 심상지도를 그린 사람의 장소에 대한 생각과 느낌을 알 수 있음.

심상지도를 보면, 친구들이 장소에 대해 가지는 생각을 알 수 있구나.

심상지도의 특징을 잘 이해했구나.
그럼 다음 모험을 떠나보자!

# 5일

장소감 **자료**

## 그림으로 비교하는 장소에 대한 생각

**교과 연계**

| [초등 3~4학년] | [초등 5~6학년] | [중학교] | [고등학교] |
|---|---|---|---|
| 장소 경험과 장소감 | 세계 대륙과 대양 | 장소감과 장소성 | - |

## 교과서 속 어휘 알기

『도시 쥐와 시골 쥐』에서 도시 쥐와 시골 쥐를 비교해 보면, 도시 쥐는 도시를 좋아하는데 시골 쥐는 도시를 싫어 해.

도시에 대해 가지는 생각이 달라서 그래. 도시 쥐는 시골 쥐의 생각을 존중해 줘야 해.

### 비교하다

| 견주다 | 비 | 比 |
|---|---|---|
| 견주다 | 교 | 較 |

**둘 이상을 견주어 같은 점, 다른 점 등을 살피다.**

예 필통들의 모양을 비교하다.

### 존중하다

| 높다 | 존 | 尊 |
|---|---|---|
| 중요하다 | 중 | 重 |

**높이어 귀중하게 대하다.**

예 친구의 의견을 존중하다.

# 교과서 **자료** 읽기

 사람마다 장소에서 겪은 경험이 다르기도 해. 그래서 장소에 대한 생각과 느낌도 다르지.
놀이터를 표현한 두 학생의 그림을 살펴보고 물음에 답해 보자.

가

나

**1** 가 와 나 는 놀이터라는 같은 장소를 표현한 그림이에요. 그런데 그림에서 장소를 표현한 모습이 서로 달라요. 이처럼 **장소에서 겪은 경험에 따라서 같은 장소라도 다르게 표현할 수 있어요.**

> **고르자** 장소에서 겪은 ( 생각 , 경험 )에 따라 같은 장소도 다르게 표현할 수 있습니다.

**2** 가 와 나 를 보면서 **장소를 표현한 모습을 비교할 수 있어요.**

> **고르자**

| 구분 | 가 그림 | 나 그림 |
|---|---|---|
| 같은 점 | • 놀이터를 그렸습니다.<br>• ( 부모님 , 친구 )과/와 있었던 일을 그렸습니다. | |
| 다른 점 | 친구와 즐겁게 놀고 있는 모습을 표현하였습니다. | 친구와 ( 놀고 , 다투고 ) 있는 모습을 표현하였습니다. |

**3** 어떤 장소에 대한 생각과 느낌이 나와 다르다고 잘못된 것이 아니에요. **다른 사람이 그 장소에 대해 가진 생각을 존중해야 해요.**

> **예** 가 를 그린 친구는 놀이터에서 친구들과 신나게 놀아서 즐거웠구나.

> **고르자**
> 나 를 그린 친구에게 해 줄 수 있는 말로 알맞은 것을 골라 보자!

☐ 놀이터는 언제나 재미있고 신나는 곳이야. 놀이터에 대한 너의 생각은 잘못되었어!

☐ 놀이터에서 친구들과 싸워서 속이 상했겠어. 너에게 놀이터는 불편한 장소일 수도 있겠구나.

# 자료 더 읽기

 사람마다 장소에 대한 생각과 느낌이 다르다는 것을 알겠지?
도서관을 그린 두 학생의 그림을 비교하며 물음에 답해 보자.

**1** 그림에 대한 설명이 맞으면 ○, 틀리면 × 표를 하세요.

❶ 두 그림은 같은 장소를 표현하였습니다. (         )

❷ 그림을 보고 장소에서 겪은 일을 알 수 없습니다. (         )

❸ 그림을 그린 두 학생은 장소에서 똑같은 경험을 하였습니다. (         )


**2** 그림에 대한 설명으로 알맞은 말을 고르세요.

❶ 가 는 도서관에서 ( 다쳤던 , 즐거웠던 ) 경험을 표현하였습니다.

❷ 나 는 도서관에서 ( 다쳤던 , 즐거웠던 ) 경험을 표현하였습니다.

❸ 가 와 나 에 나타난 도서관에 대한 서로 다른 생각을 ( 무시해야 , 존중해야 ) 합니다.


**3** 다음과 같은 말을 해 줄 수 있는 그림을 위에서 골라 ∨ 표를 하세요.

　　도서관에서 다쳤을 때 많이 놀라고 아팠겠어. 이런 경험을 하였으면 도서관이 불편한 장소일 수도 있을 것 같아.

# 6일

### 장소감 독해

# 사람마다 다른 장소에 대한 생각과 느낌

앞에서 공부한 내용을 떠올리며 챗봇 대화를 완성해 보자!

**1  사람들이 장소에서 겪은 경험은 모두 같아?**

☐ 예. 같은 장소에서는 모두 같은 경험을 합니다.
☐ 아니요. 같은 장소라도 사람마다 다른 경험을 합니다.

**2  나는 병원이 무서워. 그런데 병원은 아픈 곳을 고쳐 주는 장소이니, 즐거운 곳으로만 그려야 할까?**

그렇지 않습니다. 장소에서의 경험에 따라 장소에 대한 생각과 느낌은 ( 같을 , 다를 ) 수 있습니다.

따라서 우리는 다른 사람이 장소에 대해 가지고 있는 생각을 (         )해야 합니다.

# 교과서 내용 읽기

**1** 주변의 장소를 표현할 때는 장소에서의 경험, 장소에 대한 생각과 느낌이 드러납니다. 다음 그림들은 같은 곳에 사는 학생들이 주변 장소를 표현한 것입니다.

### 행복 초등학교 3학년 2반 이지호

**그림 소개**

저는 제가 가장 좋아하는 장소를 그렸습니다. 저는 수업이 끝난 뒤에 친구들과 놀이터에서 노는 것을 가장 좋아합니다.

### 행복 초등학교 3학년 2반 서연우

**그림 소개**

저는 최근에 갔던 장소를 그렸습니다. 토요일에 도서관에 갔는데, 책을 빌리고 나오는 길에 넘어져 다쳤습니다.

### 행복 초등학교 3학년 2반 반시우

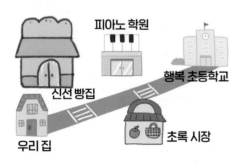

**심상지도 소개**

저는 집에서 학교까지 가는 길에 있는 장소들을 그렸습니다. 저는 이 장소들 중에서 빵집이 가장 좋습니다. 빵집에서 맛있는 빵을 살 수 있기 때문입니다.

### 행복 초등학교 3학년 2반 송하연

**심상지도 소개**

그림에 있는 장소들은 제가 좋아하는 곳입니다. 장소들 중에는 우리 집에서 가까운 곳도 있고 먼 곳도 있는데, 캠핑장이 우리 집에서 가장 멀리 있습니다.

**2** 사람마다 장소에서의 경험과 느낌이 다를 수 있기 때문에 장소에 대한 생각과 관심도 다를 수 있습니다. 장소에 대한 서로 다른 생각을 이해하고 존중해야 합니다.

**자료 읽기**

**1** 지호와 연우의 그림에 대한 설명으로 알맞지 <u>않은</u> 것은 무엇인가요? [✎        ]

① 장소를 그림으로 표현하였습니다.

② 학생이 직접 가 본 장소를 그렸습니다.

③ 여러 장소가 아닌 한 장소를 나타냈습니다.

④ 그림에서 장소에 대한 생각과 느낌이 드러납니다.

⑤ 그림을 보고 장소에서의 경험을 짐작하기 어렵습니다.

**자료 읽기**

**2** 시우와 하연이의 그림에 대한 설명으로 알맞은 것을 <u>두 가지</u> 고르세요.

[✎        ,        ]

① 시우와 하연이 그림 중에서 하연이 그림만 심상지도입니다.

② 시우는 가장 좋아하는 장소를 다른 장소보다 작게 그렸습니다.

③ 하연이는 좋아하는 장소들의 위치를 알 수 있도록 그렸습니다.

④ 시우와 하연이는 장소들의 모두 같은 모습으로 표현하였습니다.

⑤ 시우와 하연이가 주변 장소에 대해 가지는 관심은 서로 다릅니다.

**자료 활용**

**3** 다음은 시우와 하연이가 그린 시장의 모습을 비교한 설명입니다. 알맞은 말을 고르세요.

⬆ 시우가 그린 초록 시장        ⬆ 하연이가 그린 초록 시장

시우와 하연이는 모두 심상지도에 초록 시장을 그렸습니다. 하지만 시장의 모양과 시장 안에 그린 ❶( 물건 , 사람 )이 서로 다릅니다. 두 사람이 시장에서 경험한 것과 시장에 대한 생각이 서로 다르기 때문입니다. 우리는 장소에 대한 서로 다른 생각을 ❷( 설명하는, 존중하는 ) 자세를 지녀야 합니다.

# 정리하기

✏️ 5, 6일차에서 공부한 내용을 정리하면 교과서 개념이 완성돼!

사람마다 장소에서의 경험과 느낌이 ❶ ( 같을 , 다를 ) 수 있음.

따라서 장소에 대한 생각과 관심이 서로 ❷ ( 같을 , 다를 ) 수 있음.

⬇️

장소에 대한 서로 다른 생각을 이해하고 ❸ [  ][  ] 해야 함.

같은 장소라도 다른 생각을 할 수 있구나!
이제부터 나와 다른 생각도 존중해야지.

이번 모험에서 가장 중요한 것을
제대로 알았는걸!

# 도전! 어휘 퀴즈

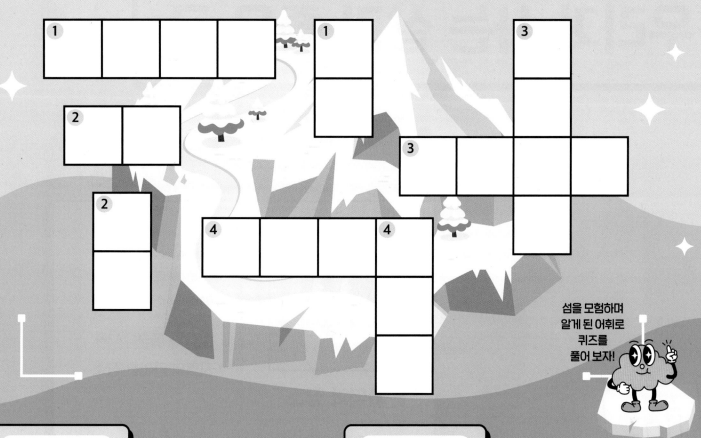

섬을 모험하며
알게 된 어휘로
퀴즈를
풀어 보자!

## 가로 퀴즈

**가로①** 높이어 귀중하게 대하다.
예 친구의 생각을 ○○○○.

**가로②** 어떤 대상의 둘레

**가로③** 둘 이상을 견주어 같은 점, 다른 점 등을 살피다.
예 그림들을 ○○○○.

**가로④** 사람의 머릿속에 있는 장소의 정보나 생각을 그림으로 표현한 지도

## 세로 퀴즈

**세로①** 어떤 일이 이루어지거나 일어나는 곳

**세로②** 사람이나 동물이 일정한 환경에서 활동하며 살아감. 예 학교 ○○

**세로③** 생각이나 느낌 등을 말이나 몸짓 등으로 드러내어 나타내다.

**세로④** 책이나 자료를 모아두고 사람들이 볼 수 있도록 만든 장소

# 스스로 평가해요! 자신 있는 만큼 색칠해서 나의 공부력 을 확인해 보세요.

부모님께 주변에 있는 장소
다섯 곳을 말할 수 있나요?

내가 사는 곳을 심상지도로 그려서
선생님께 소개할 수 있나요?

친구와 학교에 대한 느낌을 나누고
나의 느낌과 비교할 수 있나요?

# 2 단원
# 우리가 사는 살기 좋은 곳

## 주제 ①

▶ **지역과 장소**

## 주제 ②

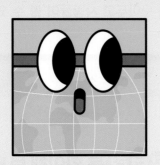

▶ **디지털 영상지도**

✦ **이 단원에 나오는 자료** | 표, 디지털 영상지도, 순서도

## 주제 ③

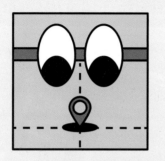

▶ **디지털 영상지도 이용**

## 주제 ④

▶ **살기 좋은 곳 만들기**

▶ **뭉치**

두 번째는 불의 섬이야.
섬에 숨어 있는 다양한 자료를
함께 찾아보자!

# 단원 준비하기

이 단원에서는 디지털 영상지도에 대해 배울 거야.
다음 디지털 영상지도의 화살표를 따라 학교까지 갈 거야.
지도를 보면서 빈칸에 들어갈 알맞은 장소를 써 볼래?

출발

병원

공원

아파트

초등학교
도착

학교까지 가는 길에 있는 장소는 순서대로 쓰면
(          ) → (          ) → (          )(이)야.

정답: 공원 → 병원 → 아파트

와! 알맞은 장소를 잘 찾았구나!
이렇게 디지털 영상지도를 보면,
우리가 사는 곳에 어떤 장소가
있는지 알 수 있어.

# 7일

## 지역과 장소 자료
## 표로 분류하는 여러 장소

교과 연계

| [초등 3~4학년]<br>생활 주변의<br>주요 장소 | [초등 5~6학년]<br>- | [중학교]<br>장소감과 장소성 | [고등학교]<br>- |

### 교과서 속 어휘 알기

안내 게시판

어린이 도서관 문을 열다

어린이 도서관이
새로 생겼나 봐!
이제 책을 빌리기 편리하겠다.

여가 생활을 할 수 있는
장소가 늘어서 좋은걸!

| 편리하다 | | |
| --- | --- | --- |
| 편하다 | 편 | 便 |
| 이롭다 | 리 | 利 |

편하고 이로우며 이용하기 쉽다.

예 생활을 편리하게 해 준다.

| 여가 | | |
| --- | --- | --- |
| 남다 | 여 | 餘 |
| 틈 | 가 | 暇 |

일이나 공부를 하지 않아 남는 시간

예 여가 시간에 운동을 한다.

우리가 사는 곳에는 다양한 장소가 있어.
이러한 장소들은 우리 생활에 편리함과 도움을 주지.
다양한 장소를 주제에 따라 정리한 표를 보고 물음에 답해 보자.

**가**

| 사람들의 생활에 도움을 주는 장소들 |
|---|
| 공원, 시장, 병원, 약국, 학교, 경찰서, 미술관, 도서관, 백화점, 보건소, 소방서, 체육관, 편의점 |

**나**

| 주제 | 장소 |
|---|---|
| 놀이나 여가를 즐길 수 있는 장소 | 공원, 체육관 |
| 안전한 생활을 돕는 장소 | 경찰서, 소방서 |
| 교육을 받거나 ◆문화생활을 즐기는 장소 | 학교, (              ), (              ) |
| 건강에 도움을 주는 장소 | 병원, 약국, ◆보건소, 체육관 |
| 필요한 물건을 사는 장소 | 시장, 백화점, 편의점 |

◆ 문화생활 미술, 음악, 글 등과 같은 문화를 즐기는 생활
◆ 보건소 질병의 예방, 진료, 공중 보건을 위해 국가에서 만든 공공 의료 기관

**1** 우리가 사는 곳에는 **생활에 편리함과 도움을 주는 여러 장소**가 있어요. 가 는 우리 주변에서 볼 수 있는 편리함과 도움을 주는 장소를 생각나는 대로 적은 것이에요.

고르자　우리가 사는 곳에 있는 장소들은 사람들에게 불편함만 줍니다. ( ○ , ✕ )

**2** 나 는 가 에서 쓴 장소들을 표로 정리한 것이에요. **장소들이 사람들에게 어떤 도움을 주는지를 기준**으로 정리하였어요.

예 놀이나 여가를 즐길 수 있는 장소에는 공원, 체육관 등이 있습니다.

쓰자　안전한 생활을 돕는 장소에는 (　　　), (　　　) 등이 있습니다.

쓰자
가 에서 교육을 받거나 문화생활을 즐기는 장소를 골라 나 의 빈칸에 써 보자.

**3** 나 에서 체육관은 '놀이나 여가를 즐길 수 있는 장소'에도 있고 '건강에 도움을 주는 장소'에도 있어요. 이처럼 **사람들은 한 장소에서 다양한 도움을 받기도** 해요.

예 체육관에서 친구들과 놀 수 있고, 운동하며 건강한 몸을 만들 수 있습니다.

고르자　( 약국 , 경찰서 )은/는 건강에 도움을 주는 장소이자 필요한 물건을 사는 장소이기도 합니다. 몸이 아픈 사람은 이 장소에서는 필요한 약을 사고, 약을 먹어 건강해질 수 있습니다.

**4** **장소에서 겪은 경험에 따라서 장소를 다르게 나눌** 수도 있어요.

잇자

| 백화점에서 겨울에 신을 신발을 샀습니다. | 백화점에서 아빠와 구연동화 공연을 보았습니다. |

•　　•

경험에 따라 장소를 구분하여 연결해 보자.

•　　•

| 문화생활을 즐기는 장소 | 필요한 물건을 사는 장소 |

# 자료 더 읽기

우리 주변에 생활에 도움을 주는 다양한 장소가 있다는 것을 알았지?
다음 장소 사진을 살펴보고 물음에 답해 보자.

가

↑ 공항

나

↑ 기차역

**1** 사진에 대한 설명이 맞으면 ○, 틀리면 × 표를 하세요.

❶ 가 장소는 안전한 생활에 도움을 주는 곳입니다. (          )

❷ 나 장소에서 기차를 타고 다른 곳으로 갈 수 있습니다. (          )

**2** 가 와 나 장소를 하나로 묶는 주제로 알맞은 것을 고르세요.

☐ 건강한 생활에 도움을 주는 장소        ☐ 다른 곳으로 이동할 때 이용하는 장소

**3** 가 와 나 장소와 같은 도움을 주는 장소를 고르세요.

☐

↑ 백화점

☐

↑ 버스 터미널

# 8일

### 지역과 장소 독해

# 지역의 다양한 장소

**앞에서 공부한 내용을 떠올리며 챗봇 대화를 완성해 보자!**

> **1** 필요한 물건을 사고 싶을 때 갈 수 있는 장소를 알려 줘.

필요한 물건을 살 때는 다음 두 장소에 갈 수 있습니다.

☐ 시장     ☐ 소방서     ☐ 미술관     ☐ 편의점

> **2** 사람들의 안전을 지켜 주는 장소는 어디야?

다음 두 곳은 사람들의 안전을 지켜 주는 장소입니다.

☐ 시장     ☐ 경찰서     ☐ 소방서     ☐ 영화관

> **3** 우리 주변에는 다양한 장소가 있네.

네, 우리가 사는 곳에는 사람들이 편리하게 살 수 있도록 ( 도움 , 불편 )을 주는 장소들이 많습니다.

# 교과서 내용 읽기

**1** 우리가 사는 곳에는 사람들의 생활에 편리함과 도움을 주는 다양한 장소들이 있습니다. 놀거나 여가를 즐길 때 이용하는 장소에는 공원, 체육관 등이 있습니다. 공원에서는 산책을 하거나 자전거를 타며 즐거운 시간을 보낼 수 있습니다. 체육관에서는 다양한 운동을 하며 여가를 보낼 수 있습니다.

**2** 사람들이 안전하게 생활하는 것을 돕는 장소도 있습니다. 경찰서는 범죄를 예방하고 교통질서를 ◆유지하도록 도와주는 장소입니다. 불을 끄고 응급 환자를 구조하는 소방서도 안전한 생활을 돕습니다.

**3** 교육이나 문화생활과 관련된 장소도 있습니다. 학교, 학원 등에서는 새로운 것을 배울 수 있고 박물관, 영화관 등에서는 문화생활을 즐길 수 있습니다. 한편, 사람들이 건강하게 생활할 수 있도록 도와주는 장소도 있습니다. 약국에서는 아픈 사람들에게 필요한 약을 팔고, 병원에서는 아픈 곳을 치료합니다.

**4** 그 밖에도 다른 곳으로 이동할 때 이용하는 장소나 생활에 필요한 물건을 살 때 이용하는 장소도 있습니다. 버스 터미널, 기차역, 공항 등은 다른 곳으로 이동할 때 이용하는 장소이고 시장, 대형 할인점, 백화점 등은 필요한 물건을 살 수 있는 장소입니다.

◆ 유지하다 어떤 상태나 상황을 그대로 있게 하다. 예 친구와 좋은 관계를 유지하고 있다.

44

**1** 다음 내용에 알맞은 말을 고르세요.

우리가 사는 곳에는 사람들의 생활에 편리함과 ❶ ( 도움 , 기쁨 )을 주는 다양한
❷ ( 물건 , 장소 )이/가 있습니다.

자료 활용

**2** 다음은 우리가 사는 곳의 다양한 장소를 주제별로 정리한 생각 그물입니다. 빈칸에
들어갈 알맞은 장소를 이 글에서 찾아 쓰세요.

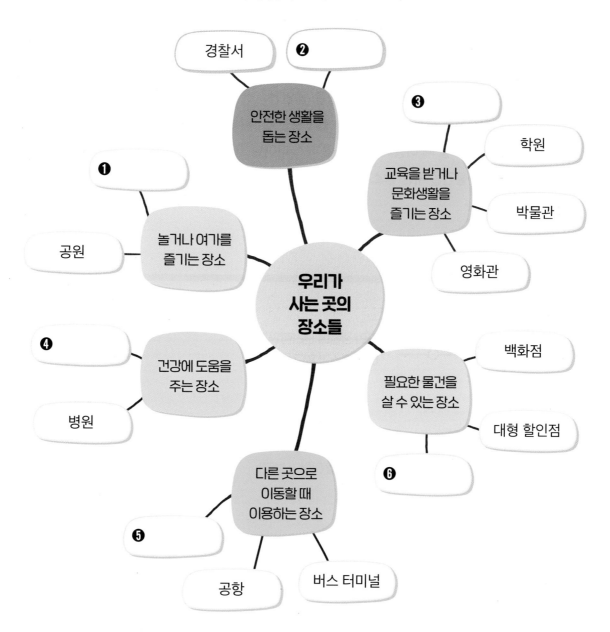

# 정리하기

✏️ 7, 8일차에서 공부한 내용을 정리하면 교과서 개념이 완성돼!

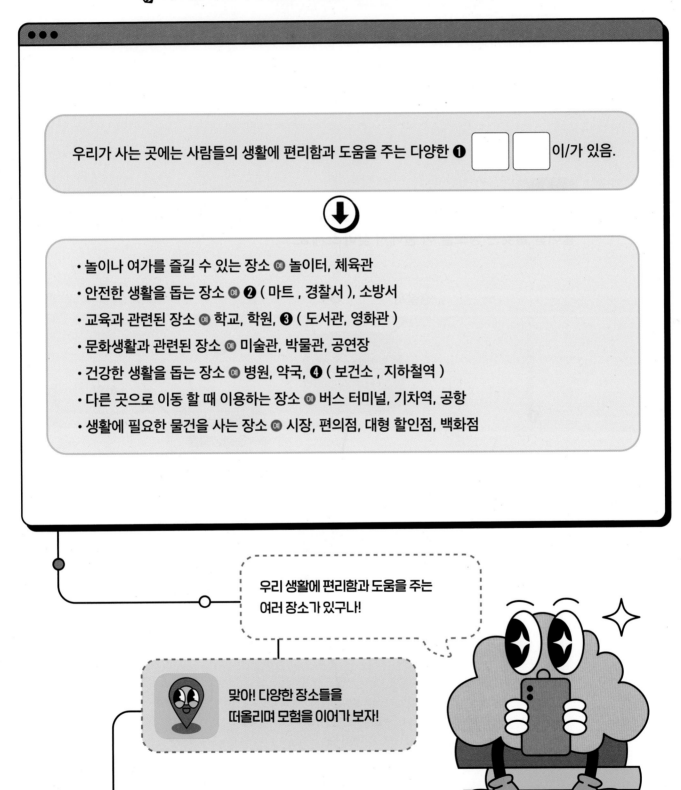

우리가 사는 곳에는 사람들의 생활에 편리함과 도움을 주는 다양한 ❶ ☐☐ 이/가 있음.

⬇️

- 놀이나 여가를 즐길 수 있는 장소 📍 놀이터, 체육관
- 안전한 생활을 돕는 장소 📍 ❷ ( 마트 , 경찰서 ), 소방서
- 교육과 관련된 장소 📍 학교, 학원, ❸ ( 도서관, 영화관 )
- 문화생활과 관련된 장소 📍 미술관, 박물관, 공연장
- 건강한 생활을 돕는 장소 📍 병원, 약국, ❹ ( 보건소 , 지하철역 )
- 다른 곳으로 이동 할 때 이용하는 장소 📍 버스 터미널, 기차역, 공항
- 생활에 필요한 물건을 사는 장소 📍 시장, 편의점, 대형 할인점, 백화점

우리 생활에 편리함과 도움을 주는 여러 장소가 있구나!

맞아! 다양한 장소들을 떠올리며 모험을 이어가 보자!

# 9일

디지털 영상지도 자료

# 디지털 영상지도의 이해

교과 연계

| [초등 3~4학년] (디지털)지도와 공간자료 | [초등 5~6학년] 공간자료와 도구 | [중학교] 다양한 지리 정보와 매체 분석 및 활용 | [고등학교] 공간정보와 지리탐구 |

## 교과서 속 어휘 알기

인공위성이 찍은 영상이나 사진을 활용해 디지털 영상지도를 만들어야지. 고마워, 인공위성!

나는 우주로 여행 온 인공위성! 지구 주위를 돌면서 지구의 모습을 사진으로 찍어.

## 디지털 영상지도

| 비치다 | 영 | 映 | 땅 | 지 | 地 |
|---|---|---|---|---|---|
| 모양 | 상 | 像 | 그림 | 도 | 圖 |

**우주에 떠 있는 인공위성이나 하늘을 나는 비행기에서 찍은 사진을 이용해 만든 지도**

예 디지털 영상지도로 장소의 모습을 자세히 살펴볼 수 있다.

# 교과서 자료 읽기

 디지털 영상지도로 우리가 사는 곳에 있는 장소들의 실제 모습을 볼 수 있어.
디지털 영상지도를 어떻게 이용하는지 살펴보며 물음에 답해 보자.

**1** 디지털 영상지도를 보려면 먼저 컴퓨터나 태블릿 컴퓨터에서 '국토 정보 플랫폼' 누리집에 접속해요. 누리집에서 '국토 정보 맵'에 있는 '통합 지도 검색'을 눌러요. 그러면 아래 화면이 나와요.

**2** ㉠은 **찾고 싶은 장소 또는 지역의 이름이나 주소를 입력**하는 곳이에요. 찾고 싶은 곳을 쓰고 그 옆에 있는 돋보기 모양 단추를 눌러요. 찾고 싶은 곳의 이름을 입력할 때는 정확하게 써야 해요.

⑩ 서울 행복 초등학교 ( ○ )
초등학교 ( × )

고르자 디지털 영상지도를 보려면 내가 찾고 싶은 ( 장소 , 친구 )의 이름을 입력합니다.

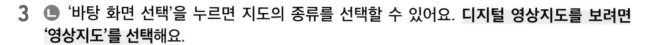

**3**  'ㄴ' '바탕 화면 선택'을 누르면 지도의 종류를 선택할 수 있어요. **디지털 영상지도를 보려면 '영상지도'를 선택해요.**

> 고르자　디지털 영상지도를 보려면 지도의 종류를 '일반'으로 선택해요. ( ○ , ✕ )

**4** 영상지도에서 'ㄷ' '하이브리드' 단추를 눌러 앞에 V 표시가 생기면, 지도 위에 장소의 이름이 보여요. 다시 '하이브리드' 단추를 눌러 V 표시가 없어지면, 장소들의 이름을 숨길 수 있어요.

**5** 'ㄹ'로 지도를 ◆확대하거나 ◆축소할 수 있어요. **'+' 단추를 누르면 지도가 확대되고, '-' 단추를 누르면 지도가 축소돼요.** 태블릿 컴퓨터에서는 두 손가락 사이를 넓히거나 좁혀요.

> 고르자　화면에 보이는 디지털 영상지도를 확대하고 싶으면 ( + , - ) 단추를 누릅니다.

**6** 위치를 이동해서 다른 곳을 보고 싶으면, 마우스를 누른 채로 움직여요. 태블릿 컴퓨터에서는 손가락을 대고 움직이면 위치를 옮길 수 있어요.

> 고르자　디지털 영상지도를 볼 때 위치를 이동해서 다른 장소를 볼 수 없습니다.
>
> ( ○ , ✕ )

◆ 확대하다　모양이나 규모 등을 더 크게 하다.
◆ 축소하다　모양이나 규모 등을 줄여서 작게 하다.

49

# 자료 더 읽기

이번에는 태블릿 컴퓨터로 디지털 영상지도를 보려고 해.
태블릿 컴퓨터로 본 디지털 영상지도 검색 화면을 살펴보고 물음에 답해 보자.

**1** 디지털 영상지도 화면을 보고 빈칸에 들어갈 알맞은 기호를 쓰세요.

❶ 지도를 확대하거나 축소하려면 (          )을 누릅니다.

❷ 영상지도 외에 다른 종류의 지도를 보려면 (          )을 누릅니다.

❸ 지도 위에 쓰인 장소의 이름을 보이게 하거나 숨기려면 (          )을 누릅니다.

**2** (가)에 들어갈 알맞은 내용을 고르세요.

다운: 태블릿 컴퓨터로 디지털 영상지도를 이용할 때 원하는 위치로 이동하려면 어떻게 해야 해?
연우: 내가 알려 줄게. _____ **(가)**

☐ 화면 위에 손가락을 대고 움직이면 원하는 위치로 이동할 수 있어.

☐ 마우스로 화면을 누른 채로 움직이면 원하는 방향으로 이동할 수 있어.

# 10일

### 디지털 영상지도 독해
# 디지털 영상지도를 보는 방법

앞에서 공부한 내용을 떠올리며 챗봇 대화를 완성해 보자!

디지털 영상지도를 보는 화면은 어떻게 생겼어?

1  화면에서 '+' 단추를 누르면 어떻게 돼?

지도를 ( 선택할 , 확대할 ) 수 있습니다.

2  어디에서 디지털 영상지도를 볼 수 있어?

( 국립 중앙 박물관 , 국토 정보 플랫폼 ) 누리집에
들어갑니다.

### 디지털 영상지도 독해

정답과 해설 10쪽

# 교과서 내용 읽기

**1** 우리는 우리가 사는 곳을 다양한 방법으로 살펴볼 수 있습니다. 먼저 여러 장소를 직접 돌아다니며 실제로 살펴볼 수 있습니다. 장소와 관련한 정보를 책에서 찾거나 컴퓨터 또는 스마트폰으로 검색해 볼 수 있습니다. 사람들이 장소를 촬영한 사진이나 영상을 살펴볼 수 있고, 디지털 영상지도를 이용할 수도 있습니다.

**2** 디지털 영상지도는 우주에 떠 있는 인공위성이나 하늘을 나는 비행기에서 찍은 사진을 이용해 만든 지도입니다. 디지털 영상지도를 이용하면 우리가 사는 곳과 주변의 여러 장소의 실제 모습을 살펴볼 수 있습니다. 디지털 영상지도를 보려면 국토 정보 플랫폼 누리집에 방문해야 합니다.

**3** 디지털 영상지도를 볼 때는 다양한 기능을 활용할 수 있습니다. '바탕 화면 선택'에서는 여러 가지 지도의 종류를 선택할 수 있습니다. 내가 찾고 싶은 장소의 이름, 주소를 쓰고 검색할 수 있는 기능도 있습니다. 지도 위에 있는 장소의 이름을 숨기거나 나오게 하고 싶으면, '하이브리드' 단추를 누릅니다.

**4** 지도를 확대하거나 축소하며 살펴볼 수도 있습니다. 장소 주변을 확대해서 자세히 보려면 '+' 단추를 누릅니다. 장소 주변을 축소해서 더 넓은 곳을 보려면 '-' 단추를 누릅니다. 위치를 이동하고 싶을 때는 마우스를 누른 채로 움직이면 됩니다. 태블릿 컴퓨터에서는 두 손가락 사이를 넓혀 지도를 확대할 수 있고, 두 손가락 사이를 좁혀서 지도를 축소할 수도 있습니다. 손가락을 대고 원하는 위치로 이동할 수 있습니다.

**1** 우리가 사는 곳을 살펴볼 수 있는 방법으로 알맞지 <u>않은</u> 것은 무엇인가요?

[✎      ]

① 책에서 정보 찾기          ② 지역의 모습 상상하기

③ 사진이나 영상 살펴보기      ④ 디지털 영상지도 이용하기

⑤ 컴퓨터나 스마트폰으로 검색하기

**2** 이 글에 대한 설명으로 알맞은 무엇인가요?          [✎      ]

① 디지털 영상지도는 사람들이 촬영한 사진으로 만든 지도입니다.

② 국토 정보 플랫폼 누리집에서 디지털 영상지도를 볼 수 있습니다.

③ 디지털 영상지도 위에 쓰인 장소의 이름을 숨기는 기능은 없습니다.

④ 태블릿 컴퓨터로 디지털 영상지도를 볼 때 위치를 이동할 수 없습니다.

⑤ 디지털 영상지도에서는 장소 주변을 넓게 볼 수 있지만, 자세히 볼 수는 없습니다.

**자료 읽기**

**3** 다음은 디지털 영상지도를 보는 화면입니다. 빈칸에 들어갈 알맞은 기호를 쓰세요.

❶ 검색하고 싶은 장소의 이름을 쓰는 곳은 어디인가요?          [✎      ]

❷ 지도를 확대하거나 축소할 때 누르는 단추는 무엇인가요?          [✎      ]

❸ 장소의 이름이 나오게 하고 싶을 때 누르는 단추는 무엇인가요?          [✎      ]

53

# 정리하기

 9, 10일차에서 공부한 내용을 정리하면 교과서 개념이 완성돼!

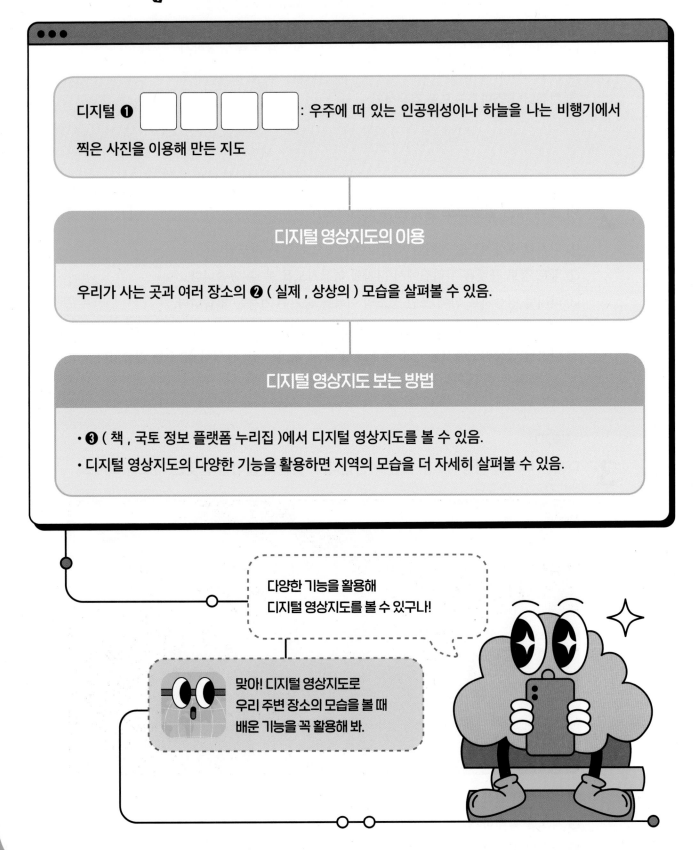

디지털 ❶ ☐☐☐☐ : 우주에 떠 있는 인공위성이나 하늘을 나는 비행기에서 찍은 사진을 이용해 만든 지도

### 디지털 영상지도의 이용

우리가 사는 곳과 여러 장소의 ❷ ( 실제 , 상상의 ) 모습을 살펴볼 수 있음.

### 디지털 영상지도 보는 방법

· ❸ ( 책 , 국토 정보 플랫폼 누리집 )에서 디지털 영상지도를 볼 수 있음.
· 디지털 영상지도의 다양한 기능을 활용하면 지역의 모습을 더 자세히 살펴볼 수 있음.

다양한 기능을 활용해 디지털 영상지도를 볼 수 있구나!

맞아! 디지털 영상지도로 우리 주변 장소의 모습을 볼 때 배운 기능을 꼭 활용해 봐.

# 11일

디지털 영상지도 이용 **자료**

# 디지털 영상지도로 보는 우리가 사는 곳

교과 연계

[초등 3~4학년]
(디지털)지도와
공간자료

[초등 5~6학년]
공간자료와 도구

[중학교]
다양한 지리 정보와
매체 분석 및 활용

[고등학교]
공간정보와
지리탐구

## 교과서 속 어휘 알기

모둠 활동에 필요한 자료를 찾아야 하는데, 도서관에 갈 시간이 없어.

직접 도서관에 가지 않아도 정보를 찾을 수 있어. 디지털 도서관을 이용해 봐.

짜잔~

| 정보 | | |
|---|---|---|
| 뜻 | 정 | 情 |
| 알리다 | 보 | 報 |

문제를 해결하는 데 도움이 될 수 있도록 정리한 지식이나 자료

예 날씨에 관한 정보가 필요하다.

| 이용하다 | | |
|---|---|---|
| 이롭다 | 이 | 利 |
| 쓰다 | 용 | 用 |

대상을 필요에 따라 이롭게 쓰다.

예 환경을 위해 대중교통을 이용하자.

# 교과서 자료 읽기

지난 시간에 디지털 영상지도와 그 기능에 대해서 알아보았으니,
이번 시간에는 디지털 영상지도로 우리가 사는 곳의 모습을 살펴볼까?
대전광역시의 대전역 근처를 살펴보는 과정을 알아보며 물음에 답해 보자.

## ☝ 하나  지도의 종류 선택하기

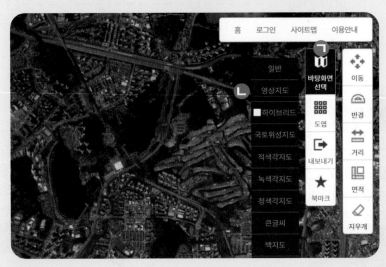

**1** ㉠'바탕 화면 선택'을 누르면 나오는 지도의 종류 중에서 ㉡'영상지도'를 눌러요.

고르자 디지털 영상지도를 보려면 '바탕 화면 선택'에서 ( 일반 , 영상지도 )을/를 선택합니다.

## ✌ 셋  장소 살펴보기

## ✌둘 찾고 싶은 장소 검색하기

**2** ㄷ에 내가 찾고 싶은 장소의 이름을 써요. 그리고 ㄹ을 누르면, 검색한 장소와 그 주변 장소들이 주소와 함께 나오고, 각 장소에 해당하는 곳이 지도에 표시돼요.

쓰자

내가 검색하고 싶은 장소의 이름을 빈칸에 써 보자.

**3** 내가 찾은 장소 주변을 살펴봐요. 지도를 확대해 장소 주변을 자세히 보고 싶으면 '+' 단추를, 지도를 축소해 장소 주변을 더 넓게 보고 싶으면 '-' 단추를 눌러요. 장소의 이름을 보고 싶으면 하이브리드 단추를 눌러 V 표시가 나오게 해요. 위치를 이동하면서 볼 수도 있어요.

고르자 대전역 주변을 자세히 보고 싶으면 '-' 단추를 누릅니다. ( ○ , ✕ )

**4** 지도에서 장소를 살펴보고, 그 장소가 우리에게 어떤 도움을 주는지 말해 볼 수 있어요.

예 대전역 근처에 중앙로역이 있는데, 중앙로역은 다른 곳으로 이동할 때 도움을 주는 장소입니다.

고르자 대전역 근처에 있는 ( 은행 , 중부 시장 )은 필요한 물건을 살 수 있는 장소입니다.

# 자료 더 읽기

대전광역시의 다른 장소도 찾아볼까?
다음 디지털 영상지도를 보고 물음에 답해 보자.

**1** 디지털 영상지도를 보고 알 수 있는 내용으로 알맞은 말을 고르세요.

❶ 지도의 종류를 ( 일반 , 영상지도 )(으)로 선택하였습니다.

❷ ( 유성 소방서, 대전 엑스포 과학 공원 )을/를 검색하였습니다.

**2** 디지털 영상지도에서 확인할 수 있는 장소가 쓰인 칸을 색칠해 빙고 판을 완성하세요.

| 산 | 초등학교 | 소방서 |
|---|---|---|
| 기차역 | 중학교 | 우체국 |
| 시장 | 공원 | 아파트 |

**3** 다음과 같은 도움을 주는 장소를 위 디지털 영상지도에서 찾아 ○ 표를 하세요.

옷이나 식품 등 다양한 물건이 있어, 필요한 물건을 살 수 있습니다.

# 12일

디지털 영상지도 이용 독해

# 디지털 영상지도의 이용

앞에서 공부한 내용을 떠올리며 챗봇 대화를 완성해 보자!

대전 엑스포 과학 공원 주변의 디지털 영상지도를 보여 줄래?

**1** 대전 엑스포 과학 공원 주변에는 어떤 장소가 있어?

대전 엑스포 과학 공원 주변에는 ( 산 , 바다 )이/가
있습니다.

정답과 해설 12쪽

# 교과서 내용 읽기

1 디지털 영상지도를 이용하면 직접 돌아다니지 않고도 장소의 실제 모습을 살펴볼 수 있습니다. 디지털 영상지도를 보려면, 먼저 국토 정보 플랫폼 누리집에 접속하여 지도를 볼 수 있는 '통합 지도 검색'을 눌러야 합니다. 그리고 '바탕 화면 선택'을 눌러 보고 싶은 지도의 종류를 선택합니다. 디지털 영상지도를 보려면 지도의 종류로 '영상지도'를 선택해야 합니다.

2 다음으로 찾고 싶은 장소의 이름이나 주소를 입력합니다. 이때, 정확한 이름이나 주소를 쓰는 것이 중요합니다. 예를 들어 서울특별시청의 주변을 지도로 보고 싶다면, '시청'이 아니라 '서울특별시청'이라고 정확하게 써야 합니다. 이렇게 장소의 이름을 적고 검색을 하면 다음과 같은 디지털 영상지도를 볼 수 있습니다.

가

3 디지털 영상지도로 지역의 장소들을 살펴볼 수 있습니다. 위 디지털 영상지도를 보면 서울특별시청 주변에 건물이 많다는 점을 알 수 있습니다. 그리고 장소 주변에 넓은 도로가 있다는 것을 확인할 수 있습니다.

4 디지털 영상지도를 볼 때 주변을 확대하거나 축소해서 볼 수도 있습니다. 주변을 확대하면 장소 주변을 더 자세히 볼 수 있고, 지도를 축소하면 장소 주변을 더 넓게 볼 수 있습니다. 하이브리드 기능을 이용해 장소의 이름을 나타나게 하거나 숨길 수도 있고, 위치를 이동하여 다른 장소도 볼 수 있습니다.

**1** 다음은 디지털 영상지도를 이용하는 순서입니다. 순서에 맞게 기호를 쓰세요.

　　⑦ 지도의 종류를 '영상지도'로 선택합니다.
　　ⓒ 장소의 위치를 확인하고 주변의 장소를 살펴봅니다.
　　ⓒ 찾고 싶은 장소의 이름이나 주소를 입력해서 검색합니다.
　　⑧ 국토 정보 플랫폼 누리집에 접속해 '통합 지도 검색'을 누릅니다.

　　　　　　　　　　　　　　[✎　　　－　　　－　　　－　　　]

자료 읽기

**2** 　가　에 대한 설명으로 알맞지 <u>않은</u> 것은 무엇인가요?　　　　　[✎　　　]

① 지도의 종류는 영상지도입니다.
② 서울특별시청으로 검색해서 나타난 지도입니다.
③ 하이브리드 기능으로 장소의 이름이 나타나 있습니다.
④ 서울특별시청 주변의 실제 모습을 살펴볼 수 있습니다.
⑤ 서울특별시청 주변에 많은 건물이 있다는 점을 확인할 수 있습니다.

자료 읽기

**3** 다음의 활동을 하였을 때 볼 수 있는 디지털 영상지도의 모습을 고르세요.

　　　가　에서 서울특별시청 주변을 더 넓게 보고 싶어서 '－' 단추를 눌렀습니다.

# 정리하기

✏️ 11, 12일차에서 공부한 내용을 정리하면 교과서 개념이 완성돼!

## 디지털 영상지도로 지역 살펴보기

국토 정보 플랫폼 누리집에 접속해서 '통합 지도 검색' 누르기

⬇

지도의 종류를 ❶ ☐☐☐☐ 로 선택하기

⬇

장소의 이름이나 주소로 ❷ ( 그리기 , 검색하기 )

⬇

검색한 장소 주변의 장소들을 ❸ ( 살펴보기 , 생각하기 )

디지털 영상지도로 내가 사는 곳을 살펴보니까 정말 재미있다!

맞아. 디지털 영상지도를 이용하면 우리가 사는 곳의 모습을 생생하게 볼 수 있지!

# 13일

살기 좋은 곳 만들기 자료

# 순서도로 보는 우리가 사는 곳 조사하기

**교과 연계** ●━━○━━○━━○

[초등 3~4학년]
생활 주변의
주요 장소

[초등 5~6학년]
-

[중학교]
지역의 문제와
발전 전망

[고등학교]
살기 좋은
도시에 대한
다양한 관점

## 교과서 속 어휘 알기

급식실의 식탁과 식탁 사이가
좁아서 불편해.

맞아! 잘못하면 넘어질 수 있어.
급식실을 안전하게 이용할 수 있는
방안을 찾아야겠어.

| 불편하다 | | |
|---|---|---|
| 아니다 | 불 | 不 |
| 편하다 | 편 | 便 |

**어떤 것을 사용하거나 이용하는 것이
거북하거나 괴롭다.**

예 차가 고장나서 불편하다.

| 방안 | | |
|---|---|---|
| 방향 | 방 | 方 |
| 생각 | 안 | 案 |

**일을 처리하거나 해결해
나갈 방법이나 계획**

예 해결 방안을 생각해 보자.

# 교과서 자료 읽기

장소를 이용하다 보면 좋은 점도 있지만, 불편한 점도 있어.
장소의 **불편한 점을 해결하면** 우리가 사는 곳은 **더 살기 좋은 곳**이 될 거야.
더 살기 좋은 곳을 만드는 방법을 순서도로 알아보며 물음에 답해 보자.

| ㄱ 장소 정하기 | 주변의 장소 중에서 ◆조사하고 싶은 장소를 정합니다. |
| --- | --- |

| ㄴ 장소 조사하기 | 정한 장소의 좋은 점과 불편한 점을 조사합니다. |
| --- | --- |

| ㄷ 조사 내용 정리하기 | 장소에 대해 조사한 내용을 정리합니다. |
| --- | --- |

| ㄹ 방안 생각하기 | 장소의 불편한 점을 해결하고 더 좋은 곳을 만들 수 있는 방안을 생각합니다. |
| --- | --- |

◆ 조사하다 사물의 내용을 명확히 알기 위하여 자세히 살펴보거나 찾아보다.

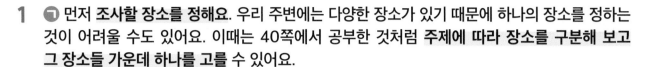

**1** ㉠ 먼저 **조사할 장소를 정해요**. 우리 주변에는 다양한 장소가 있기 때문에 하나의 장소를 정하는 것이 어려울 수도 있어요. 이때는 40쪽에서 공부한 것처럼 **주제에 따라 장소를 구분해 보고 그 장소들 가운데 하나를 고를** 수 있어요.

例 저는 놀이나 여가를 즐길 수 있는 장소 중에서 놀이터를 조사 장소로 정하였습니다.

**2** ㉡ ㉠에서 정한 장소를 조사해요. 장소를 조사할 때는 내가 장소에 대해 짐작하고 있는 것이 아니라 **장소에서 실제로 일어나고 있는 일을 알아봐야** 해요. **장소를 조사할 때는 장소에 직접 가 보거나 주변 사람들에게 장소에서 겪은 일을 물어볼** 수 있어요. 지역 시청·군청·구청의 누리집이나 사회 관계망 서비스(SNS)에 방문하여 사람들이 쓴 글을 살펴볼 수도 있어요.

고르자 장소를 조사할 때는 주변 사람에게 장소에 대해 물어볼 수 있습니다. ( 〇 , ✕ )

**3** ㉢ 장소에 대해 조사한 내용을 정리해요. 내용을 정리할 때는 장소의 이름을 쓰고 **장소의 좋은 점과 불편한 점** 등을 적을 수 있어요.

例 • 조사한 장소: 체육관
　 • 장소의 좋은 점: 운동 기구가 많아서 다양한 운동을 할 수 있습니다.
　 • 장소의 불편한 점: 시설이 낡고 오래되어 사람이 다칠 수 있습니다.

쓰자 • 조사한 장소: (　　　　　)
　　 • 장소의 좋은 점: (　　　　　)
　　 • 장소의 불편한 점: (　　　　　)　　　빈칸에 들어갈 알맞은 내용을 골라 기호를 써 보자.

　　　　 ㉠ 기차역
　　　　 ㉡ 기차 타는 곳에 안전시설이 없어서 위험합니다.
　　　　 ㉢ 여러 지역에 갈 수 있는 기차가 많아서 편리합니다.

**4** ㉣ 장소의 불편한 점을 해결할 수 있는 방안과 그 방안을 생각한 까닭을 정리해요.

例 체육관의 낡고 오래된 운동 기구를 새것으로 바꿉니다. 운동 기구가 낡고 오래되면 제대로 운동할 수 없고, 사람이 다칠 수 있기 때문입니다.

# 자료 더 읽기

모둠에서 우리가 사는 곳을 조사하고 그 내용을 한눈에 볼 수 있도록 표로 정리할 수 있어.
조사한 내용을 정리한 표를 살펴보며 물음에 답해 보자.

| 이름 | 영우 | 은비 | 태민 | 하윤 |
|------|------|------|------|------|
| 장소 이름 | 영화관 | 놀이터 | 도서관 | 병원 |
| 좋은 점 | 다양한 영화를 볼 수 있음. | 친구들과 놀 수 있음. | 여러 가지 책을 읽을 수 있음. | 아플 때 치료를 받을 수 있음. |
| 불편한 점 | 영화관에 있는 의자가 작음. | ㉠ | 책을 읽을 수 있는 자리가 부족함. | 진료를 기다리는 시간이 너무 깊. |

**1** 표에 대한 설명이 맞으면 ○, 틀리면 × 표를 하세요.

❶ 자랑하고 싶은 우리 지역의 장소들을 조사하여 정리하였습니다. (          )

❷ 학생들이 장소에 대해 조사한 내용을 한눈에 살펴볼 수 있습니다. (          )

❸ 우리 지역에 있는 여러 장소의 좋은 점과 불편한 점을 알 수 있습니다. (          )

**2** 표를 보고 알 수 있는 내용으로 알맞은 장소를 쓰세요.

❶ (          )은/는 진료를 기다리는 시간이 길어 불편합니다.

❷ 다양한 영화를 볼 수 있는 것은 (          )의 좋은 점입니다.

❸ (          )에서는 여러 가지 책을 읽을 수 있지만, 자리가 부족합니다.

**3** ㉠에 들어갈 수 있는 내용으로 알맞은 것을 모두 고르세요.

☐ 쓰레기가 많이 있음.

☐ 다양한 놀이기구가 있음.

☐ 그네가 망가져서 탈 수가 없음.

☐ 어린이를 위한 안전시설이 있음.

# 14일

살기 좋은 곳 만들기 **독해**

## 더 살기 좋은 곳을 만드는 방법

앞에서 공부한 내용을 떠올리며 챗봇 대화를 완성해 보자!

**1** 내가 사는 곳을 더 살기 좋은 곳으로 만들고 싶어.
어떻게 하면 좋을까?

자신이 사는 곳을 더 살기 좋은 곳으로 만들려면,

(      -      -      -      )의 순서로 활동할 수 있습니다.

㉠ 조사할 장소 정하기

㉡ 조사한 내용 정리하기

㉢ 장소의 좋은 점과 불편한 점 조사하기

㉣ 불편한 점을 해결할 수 있는 방안 생각하기

**2** 알려준 순서대로 조사해야겠어. 그런데 어떤 방법으로
장소를 조사할 수 있어?

☐ 자신의 생각만으로 장소에 대해 짐작합니다.

☐ 조사할 장소와 관련한 누리집에 방문합니다.

정답과 해설 14쪽

1 우리는 생활하면서 여러 장소를 이용합니다. 이러한 장소에는 좋은 점도 있지만 불편한 점도 있습니다. 이러한 불편한 점을 해결하면 우리가 사는 곳을 더 살기 좋게 만들 수 있습니다. 이를 위해 우리 주변의 장소를 조사해 볼 수 있습니다. 장소에 대해 조사를 하려면, 먼저 조사하고 싶은 장소를 정해야 합니다. 장소를 정할 때는 장소가 주는 편리함과 도움을 중심으로 생각해 볼 수 있습니다.

2 다음으로 내가 정한 장소에 대해 조사합니다. 장소를 조사할 때는 장소와 그 주변을 직접 돌아보거나 주변 사람들에게 장소에 대해 물어볼 수 있습니다. 장소에 대한 정보가 있는 책을 찾아보거나 장소와 관련한 누리집에 방문할 수도 있습니다. 사회 관계망 서비스(SNS)에서 장소에 대한 소식을 알아볼 수도 있습니다.

3 장소에 대해 조사한 뒤에 장소의 좋은 점과 불편한 점 등을 구분하여 정리합니다. 여럿이 조사를 한 경우에는 조사한 내용을 표로 정리할 수 있습니다. 이러한 방법으로 장소별로 좋은 점과 불편한 점을 한눈에 알 수 있습니다. 마지막으로 장소의 불편한 점을 해결할 수 있는 방안을 생각해서 정리합니다. 이때 다음 표처럼 그 방안을 생각한 까닭도 함께 정리하면 좋습니다.

가

| 생각한 방안 | 방안을 생각한 까닭 |
|---|---|
| 공원 바닥을 푹신푹신하게 바꿉니다. | 바닥이 딱딱한 돌로 되어 있어서 놀 때 다치기 쉽기 때문입니다. |
| ⊙ | 공원에 쓰레기통을 두면 바닥에 쓰레기를 버리는 사람이 줄어들 것이기 때문입니다. |

4 장소의 불편한 점을 해결할 수 있는 방안을 다른 사람에게 알리는 활동을 추가로 할 수 있습니다. 활동을 할 때는 사람들이 기억하기에 좋은 문구를 정해서 포스터를 만들거나 사회 관계망 서비스(SNS)에 관련한 글을 올릴 수 있습니다.

**1** 이 글에 대한 설명으로 알맞은 것은 무엇인가요?  [ ✎　　]

① 우리 주변의 장소에는 좋은 점만 있습니다.

② 책을 찾아보는 방법으로만 장소를 조사할 수 있습니다.

③ 장소에 대해 조사한 내용을 정리할 때는 불편한 점만 적습니다.

④ 조사한 내용을 표로 정리하면 조사 내용을 한눈에 보기 어렵습니다.

⑤ 장소의 불편한 점을 해결할 수 있는 방안을 알리는 활동을 할 수 있습니다.

**2** 장소의 좋은 점과 불편한 점을 알아볼 때, 다음 행동을 하는 단계로 알맞은 것을 고르세요.

사람들에게 지하철역을 이용할 때 불편한 점이 무엇이었는지 물어봐야겠어.

☐ 장소 정하기
☐ 장소 조사하기
☐ 조사 내용 정리하기
☐ 방안 생각하기

자료 읽기

**3** 가 에 대한 설명으로 알맞지 <u>않은</u> 것은 무엇인가요?  [ ✎　　]

① 장소를 조사한 후에 생각한 내용입니다.

② 장소의 좋은 점이 무엇인지 알 수 있습니다.

③ 장소의 불편한 점에 대한 해결 방안을 정리한 것입니다.

④ 불편한 점을 해결할 방안과 방안을 생각한 까닭을 함께 적었습니다.

⑤ 공원에는 바닥이 딱딱하다는 불편한 점이 있다는 것을 알 수 있습니다.

자료 활용

**4** ㉠에 들어갈 내용으로 가장 적절한 것은 무엇인가요?  [ ✎　　]

① 꽃과 나무를 심습니다.

② 망가진 가로등을 고칩니다.

③ 공원 곳곳에 쓰레기통을 둡니다.

④ 자전거를 탈 수 있는 도로를 만듭니다.

⑤ 안전시설의 사용법을 안내하는 표지판을 세웁니다.

# 정리하기

✏️ 13, 14일차에서 공부한 내용을 정리하면 교과서 개념이 완성돼!

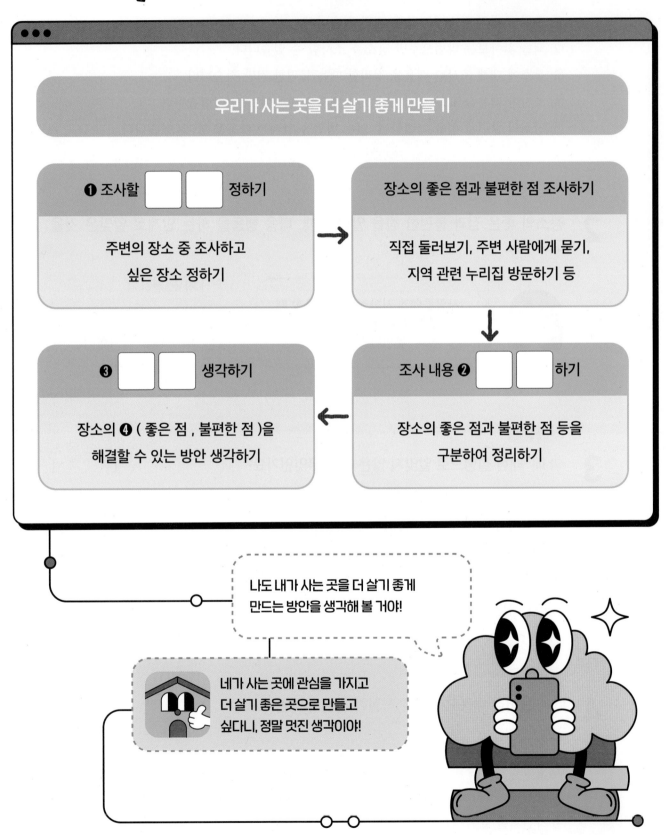

우리가 사는 곳을 더 살기 좋게 만들기

❶ 조사할 [ ][ ] 정하기
주변의 장소 중 조사하고 싶은 장소 정하기

장소의 좋은 점과 불편한 점 조사하기
직접 둘러보기, 주변 사람에게 묻기, 지역 관련 누리집 방문하기 등

❸ [ ][ ] 생각하기
장소의 ❹ ( 좋은 점 , 불편한 점 )을 해결할 수 있는 방안 생각하기

조사 내용 ❷ [ ][ ] 하기
장소의 좋은 점과 불편한 점 등을 구분하여 정리하기

나도 내가 사는 곳을 더 살기 좋게 만드는 방안을 생각해 볼 거야!

네가 사는 곳에 관심을 가지고 더 살기 좋은 곳으로 만들고 싶다니, 정말 멋진 생각이야!

# 도전! 어휘 퀴즈

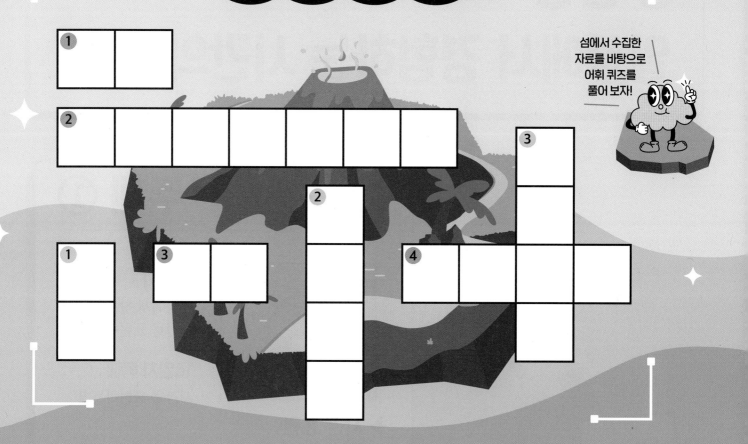

섬에서 수집한 자료를 바탕으로 어휘 퀴즈를 풀어 보자!

## 가로 퀴즈

**가로①** 일이나 공부를 하지 않아 남는 시간
예 나는 ○○ 시간에 주로 책을 읽는다.

**가로②** 우주에 떠 있는 인공위성이나 하늘을 나는 비행기에서 찍은 사진을 이용해 만든 지도

**가로③** 일을 처리하거나 해결해 나갈 방법이나 계획
예 문제를 해결할 ○○을 찾았다.

**가로④** 대상을 필요에 따라 이롭게 쓰다.

## 세로 퀴즈

**세로①** 문제를 해결하는 데 도움이 될 수 있도록 정리한 지식이나 자료
예 책에서 ○○를 얻다.

**세로②** 모양이나 규모를 더 크게 하다.
예 지도를 ○○○○.

**세로③** 어떤 것을 사용하거나 이용하는 것이 거북하거나 괴롭다.

## 스스로 평가해요! 자신 있는 만큼 색칠해서 나의 공부력을 확인해 보세요.

부모님께 생활에 도움을 주는 장소를 세 곳 말할 수 있나요?

친구들과 디지털 영상지도로 학교 주변을 살펴볼 수 있나요?

이웃에게 더 살기 좋은 곳을 만드는 방안을 설명할 수 있나요?

# 3 단원
# 일상에서 경험하는 시간의 흐름

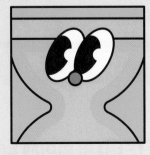

✦ 이 단원에 나오는 자료 | 기사, 학급 시간표, 연표

## 주제 ③

▶ 연표

**19일차 자료** | 91쪽
연표로 읽는
시간의 흐름

**20일차 독해** | 95쪽
연표의 필요성과
연표 읽는 방법

## 주제 ④

▶ 연표 만들기

**21일차 자료** | 99쪽
연표로 정리하는
나의 이야기

**22일차 독해** | 103쪽
나의 연표를
만드는 방법

▶ 뭉치
이번에는 사막 섬을 탐험해 볼까?
섬에 숨어 있는 다양한 자료를
함께 찾아보자!

## 단원 준비하기

이 단원에서는 시간을 표현하는 말이 쓰인 자료에 대해 배울 거야.
내 생일 초대장에서 시간을 표현하는 말을 찾아볼래?

### 뭉치의 생일에 초대합니다!

☐ 너를 내 생일 파티에 초대하고 싶어.

☐ 5월 1일 토요일, 오후 2시에

☐ '신나는 키즈 카페'에서 만나자!

내 생일 파티에 꼭 와줘.

뭉치 씀.

정답: 5월 1일 토요일, 오후 2시에

와, 시간을 표현하는 말을 잘 찾았네!
이처럼 우리는 일상생활에서 시간을
표현하는 말을 자주 사용해.

# 15일

### 시간 표현 자료
# 기사에서 찾는 시간을 표현하는 말

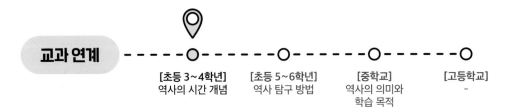

**교과 연계**

| [초등 3~4학년] | [초등 5~6학년] | [중학교] | [고등학교] |
|---|---|---|---|
| 역사의 시간 개념 | 역사 탐구 방법 | 역사의 의미와 학습 목적 | - |

## 교과서 속 어휘 알기

누나, 이것 봐!
할머니 집에서 찾았는데,
이건 과거에 사용한 전화기래.

내 스마트폰과
모양이 다르네.
전화기도 시대마다
모양이 다르구나.

| 과거 | | |
|---|---|---|
| 지나다 | 과 | 過 |
| 가다 | 거 | 去 |

**이미 지나간 때**

예 나는 과거에 학생이었다.

| 시대 | | |
|---|---|---|
| 때 | 시 | 時 |
| 시대 | 대 | 代 |

**어떤 기준에 따라
구분한 일정한 기간**

예 그때는 과학이 발달한 시대였다.

# 교과서 **자료** 읽기

우리는 일상생활에서 시간을 표현하는 말을 자주 사용해.
기사를 읽으며 시간을 표현하는 말을 찾아보고 물음에 답해 보자.

가

**○○신문**

2018년 2월 26일

## 막을 내린 평창 동계 올림픽

평창 ◆동계 올림픽은 어제 저녁에 열린 행사를 마지막으로 끝났다. 이번에 열린 올림픽은 2018년 2월 9일에 시작하여 17일간 이어졌다. 평창 동계 올림픽은 1988년에 우리나라에서 처음 열린 서울 올림픽 이후에 30년 만에 열린 올림픽이다. 다음 동계 올림픽은 4년 뒤인 2022년에 중국 베이징에서 열릴 예정이다.

↑ 평창 동계 올림픽

나

**○○신문**

2013년 6월 19일

## 『난중일기』 세계에서 보호할 ◆문화유산이 되다

이순신 장군이 쓴 『난중일기』가 세계에서 함께 보호해야 할 문화유산이 되었다. ◆유네스코에서는 오래전부터 세계적으로 귀중한 문화유산을 정하여 함께 보호하며 미래에 전하고자 노력하고 있다. 『난중일기』도 그러한 세계 문화유산이 된 것이다.

이순신 장군은 조선 시대에 우리나라에 쳐들어온 왜적을 바다에서 무찔렀다. 그리고 전쟁 중이었던 1592년 4월부터 1598년 11월까지 약 7년간 거의 매일 일기를 썼다. 오늘날 우리는 『난중일기』로 ( ㉠ )에 있었던 일을 생생하게 알 수 있다.

◆ 동계 올림픽 4년마다 겨울에 열리는 세계적인 스포츠 경기 대회
◆ 문화유산 다음 세대에게 전할 가치가 있는 과학, 기술, 문화 등의 결과물
◆ 유네스코 세계 평화를 위해 교육, 과학, 문화 등의 분야에서 힘쓰는 국제기구

**1** 가 와 나 는 어떤 사실이나 사건, 소식 등을 알리는 기사예요. **기사에서는 시간을 표현하는 다양한 말을 찾을 수** 있어요.

고르자 기사에는 다양한 ( 그림 , 시간 )을 표현하는 말을 사용합니다.

**2** 가 는 우리나라에서 열린 큰 행사에 대한 내용을 담은 기사예요. 기사에서 행사에 대한 **내용을 알리면서 시간을 표현하는** 말을 사용하고 있어요.

고르자

가 에서 오른쪽에 있는 시간 표현을 찾아 ○표를 해 볼까?

| 2018년 2월 26일 | 어제 | 저녁 |
| 2018년 2월 9일 | 17일간 | 1988년 |
| 30년 만 | 4년 뒤 | 2022년 |

**3** 나 는 우리나라의 소중한 문화유산이 세계적으로 인정받아, 세계에서 함께 보호해야 할 문화유산이 되었다는 내용의 기사예요. 이 기사에도 **시간을 표현하는 다양한** 말이 사용되었어요.

고르자

나 에서 오른쪽에 있는 시간 표현을 찾아 ○표를 해 볼까?

| 2013년 6월 19일 | 오래전 | 미래 |
| 조선 시대 | 1592년 4월 | 1598년 11월 |
| 7년간 | 매일 | 오늘날 |

**4** 기사뿐만 아니라 **어떤 일에 대해 쓰거나 말할 때는 알맞은 시간 표현을 써야** 해요.

예 오늘은 쉬는 날이고, 내일은 체험 학습을 가는 날입니다.

고르자 ㉠에 들어갈 알맞은 시간 표현을 골라 볼까?

☐ 과거　　☐ 미래
☐ 지금　　☐ 조금 전

# 자료

# 자료 더 읽기

이제 기사에서 시간을 표현하는 말을 찾을 수 있겠지?
다른 기사를 살펴보고 물음에 답해 보자.

---

**○○신문**                                                    **2025년 8월 10일**

## ○○시, 곤충 축제를 열다

　○○시는 다음 달 7일에 '곤충 사랑 축제'를 연다고 알렸다. '곤충 사랑 축제'는 해마다 열리는 축제로 자연환경과 생명의 소중함을 알리는 것을 목적으로 한다. 올해 행사는 작년과 달리 어린이들이 직접 체험할 수 있는 다양한 활동이 준비될 예정이다. 체험 활동 신청은 내일 오전 10시부터 지역 누리집에서 할 수 있다.

← 축제 안내 포스터

---

**1** 기사에 대한 설명이 맞으면 ○, 틀리면 ✕ 표를 하세요.

❶ 어떠한 사실이나 소식을 알리는 글입니다. (　　　　)

❷ 시간을 표현하는 말을 사용하지 않았습니다. (　　　　)

**2** 다음 시간 표현을 기사에서 찾아 ○ 표를 하세요.

| | | |
|---|---|---|
| 2025년 8월 10일 | 다음 달 | 7일 |
| 해마다 | 올해 | 작년 |
| 내일 | 오전 10시 | 9월 7일 일요일 |

# 16일

### 시간 표현 독해
# 시간을 표현하는 말

**앞에서 공부한 내용을 떠올리며 챗봇 대화를 완성해 보자!**

> **1** 사회 수업 준비물로 시간을 표현하는 말이 있는 자료를 가져가야 하는데, 어떤 자료가 좋을까?

( 그림 , 기사 )에서 시간을 표현하는 말을
찾을 수 있습니다.

> 우리 마을과 관련한 기사를 찾아 줘.

'초록 마을에서는 환경을 보호하고자 사용하지 않는 물건을
나누는 행사를 진행하였다. 이 행사는 작년에 시작한 것으로
올해는 9월 5일에 진행되었다. 내년에는 5월에 행사를 열 예
정이다.'

> **2** 위 기사에서 시간을 표현하는 말을 모두 찾아 줘.

☐ 환경   ☐ 물건   ☐ 작년   ☐ 올해
☐ 9월 5일   ☐ 내년   ☐ 행사   ☐ 5월

정답과 해설 16쪽

79

# 교과서 내용 읽기

**1** 우리는 일상생활에서 시간을 표현하는 다양한 말을 사용합니다. 예를 들어 '토요일에 가족들과 여행을 갔습니다.', '오늘 아침에 기분이 좋았습니다.', '지금 만날 수 있습니다.'에서 '토요일', '오늘', '아침', '지금'은 시간을 나타내는 말입니다.

**2** 어떠한 사실이나 소식을 전하는 기사에서 시간을 표현하는 말을 자주 볼 수 있습니다. 마음을 전하는 편지나 일어난 일을 적은 일기 등에서도 시간을 표현하는 다양한 말을 사용합니다.

**가**

> 사랑하는 부모님께
>
>     안녕하세요. 9년간 저를 사랑으로 키워주시고 늘 응원해 주신 부모님께 감사의 마음을 전하고자 편지를 씁니다. 지난달에 제가 감기에 걸려 열이 났을 때도 이틀 동안 잠을 제대로 주무시지도 못하고 저를 간호해 주셔서 정말 감사합니다.
>
>                                      2025년 5월 8일
>                                      아들 해인 올림

**나**

2025년 2월 15일 토요일

오늘은 할머니 생신이었다. 우리 집에서 할머니 생신 잔치를 하였다. 나는 오전부터 풍선을 불어 장식하고 케이크를 준비하였다. 오후가 되어 모든 가족이 모였다. 우리는 할머니 생신을 행복하게 보냈다. 내년 생신에도 할머니께서 건강하셨으면 좋겠다.

**1** 이 글에 대한 설명으로 알맞은 것은 무엇인가요? [✎      ]

① 우리는 시간을 표현하는 말을 사용하지 않습니다.

② '오늘'은 시간을 표현하는 말이고, '지금'은 아닙니다.

③ 기사에서 시간을 표현하는 말을 찾아보기 어렵습니다.

④ 편지와 일기에서 시간을 표현하는 다양한 말을 찾을 수 있습니다.

⑤ 일기는 마음을 전하는 글이고, 편지는 어떤 사실을 전하는 글입니다.

**자료 읽기**

**2** 다음 시간을 표현하는 말을 가 와 나 에서 찾아 ○ 표를 하세요.

| | | |
|---|---|---|
| 9년간 | 지난달 | 이틀 동안 |
| 2025년 5월 8일 | 2025년 2월 15일 토요일 | 오늘 |
| 오전 | 오후 | 내년 |

**자료 활용**

**3** 다음 편지의 빈칸에 들어갈 수 있는 시간 표현을 모두 고르세요.

민아에게

　민아야, 안녕? 나 유진이야. (　　　　) 체육 시간에 내가 넘어졌을 때, 내 팔을 잡아 주고 같이 보건실에 가 주어서 정말 고마워. 앞으로 네가 어려운 일이 있을 때, 나도 너를 꼭 도와줄게. 우리 언제나 친하게 지내자.

2025년 5월 2일
너의 친구 유진이가

☐ 내일　　☐ 어제　　☐ 3일 후　　☐ 지난번　　☐ 며칠 전

# 정리하기

 15, 16일차에서 공부한 내용을 정리하면 교과서 개념이 완성돼!

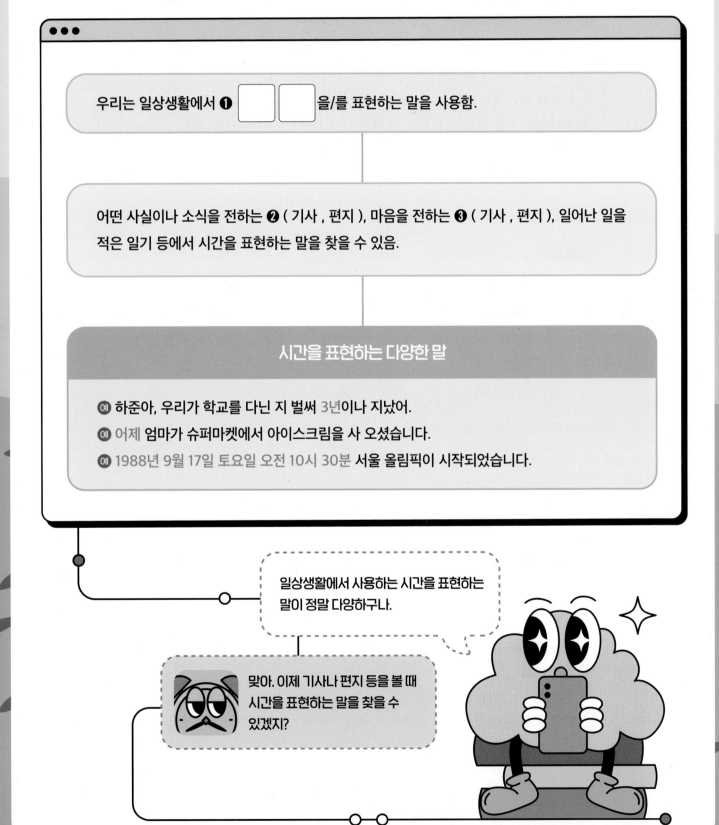

우리는 일상생활에서 ❶ ☐ ☐ 을/를 표현하는 말을 사용함.

어떤 사실이나 소식을 전하는 ❷ ( 기사 , 편지 ), 마음을 전하는 ❸ ( 기사 , 편지 ), 일어난 일을 적은 일기 등에서 시간을 표현하는 말을 찾을 수 있음.

### 시간을 표현하는 다양한 말

(예) 하준아, 우리가 학교를 다닌 지 벌써 3년이나 지났어.

(예) 어제 엄마가 슈퍼마켓에서 아이스크림을 사 오셨습니다.

(예) 1988년 9월 17일 토요일 오전 10시 30분 서울 올림픽이 시작되었습니다.

일상생활에서 사용하는 시간을 표현하는 말이 정말 다양하구나.

맞아. 이제 기사나 편지 등을 볼 때 시간을 표현하는 말을 찾을 수 있겠지?

# 17일

## 시간의 흐름 [자료]

# 학급 시간표로 살펴보는 시간의 흐름

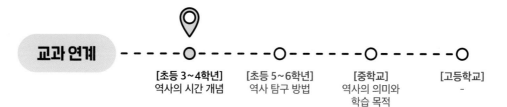

| 교과 연계 | [초등 3~4학년]<br>역사의 시간 개념 | [초등 5~6학년]<br>역사 탐구 방법 | [중학교]<br>역사의 의미와<br>학습 목적 | [고등학교]<br>- |
|---|---|---|---|---|

## 교과서 속 어휘 알기

오늘 여행 일정을 정리하였어요.

일정을 보니, 여행의 흐름이 한눈에 보여서 편한걸!

| 일정 | 흐름 |
|---|---|

| 날 | 일 | 日 |
|---|---|---|
| 경로 | 정 | 程 |

**일정한 기간 동안에
해야 할 일을 짜 놓은 것**

예 여행 일정을 계획하다.

**한 줄기로 잇따라 진행되는 현상**

예 이야기의 흐름을 따라가다.

# 교과서 자료 읽기

우리 주변에는 시간이 어떻게 흘러 가는지 알 수 있는 자료들이 있어.
우리가 교실에서 자주 보는 학급 시간표도 시간의 흐름을 나타내지.
학급 시간표를 함께 살펴보고 물음에 답해 보자.

## 5 월 20 일

| ㉠ | ㉡ | ㉢ |
|---|---|---|
| 1 | 국어 | 9 : 00 ~ 9 : 40 |
| 2 | 수학 | 9 : 50 ~ 10 : 30 |
| 3 | 음악 | 10 : 40 ~ 11 : 20 |
| 4 | 사회 | 11 : 30 ~ 12 : 10 |
| | 점심시간 | 12 : 10 ~ 13 : 00 |
| 5 | 영어 | 13 : 00 ~ 13 : 40 |

**1** 학급 시간표는 **학급에서 시간을 나누어 그 시간에 공부하는 과목 등을 적은 표**예요.

> 고르자 학급 시간표는 학급에서 ( 과목 , 시간 )을 나누어 공부할 과목 등을 적은 표입니다.

**2** 학급 시간표에는 여러 정보가 담겨 있어요. ㉠은 교시를 나타내요. **교시는 학급의 수업 시간을 세는 단위**예요. ㉡은 **공부할 과목**이에요. ㉢은 **각 과목을 배우는 시간**이에요. 학급 시간표를 보면, **수업을 하는 순서**를 알 수 있어요.

> 예 국어 과목을 공부하고 바로 다음에 수학 과목을 공부합니다.

> 고르자 • 3교시에 음악 과목을 배우고 4교시에 ( 사회 , 수학 ) 과목을 배웁니다.
> • 점심시간이 끝나고 바로 다음에 ( 국어 , 영어 ) 과목을 배웁니다.

**3** 학급 시간표를 보면, **시간의 흐름뿐만 아니라 시간과 관련한 다양한 정보를 확인**할 수 있어요.

> 예 학급에서 수업은 9시에 시작해서 오후 1시 40분에 끝납니다.

> 고르자 • ( 4교시 , 점심시간 )은/는 12시 10분부터 오후 1시까지입니다.
> • 점심시간 전에는 ( 9시 , 9시 50분 )부터 12시 10분까지 4과목을 공부합니다.

> 예 한 과목당 수업 시간은 40분이고, 쉬는 시간은 10분입니다.

> 고르자 점심은 ( 40분 , 50분 )간 먹습니다.

**4** 학급 시간표를 보면서 시간대별로 학급에서 할 일을 확인할 수 있어요.

> 예 9시 50분에 수학 공부를 시작하니, 그 전에 자리에 앉아 수학 교과서를 꺼내 놓습니다.

> 고르자 12시 20분에 학생들은 _____

↓

☐ 급식실에서 점심을 먹습니다.
☐ 책상 주변을 정리하고 집에 갈 준비를 합니다.

85

# 자료 더 읽기

하루 동안의 생활을 계획하여 정리한 생활 계획표에도 시간의 흐름이 나타나.
생활 계획표를 살펴보고 물음에 답해 보자.

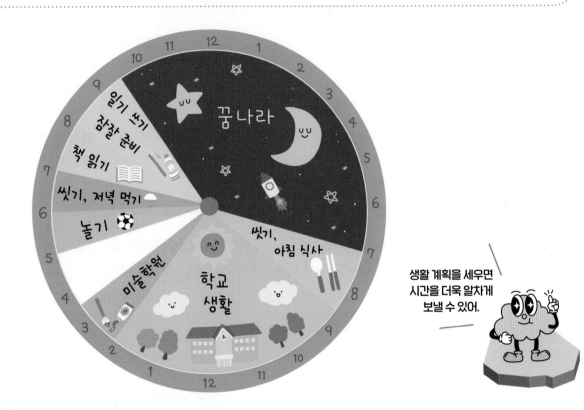

생활 계획을 세우면
시간을 더욱 알차게
보낼 수 있어.

**1** 생활 계획표에 대한 설명이 맞으면 ○, 틀리면 ✕ 표를 하세요.

❶ 일 년 동안의 생활을 계획하여 정리한 것입니다. (          )

❷ 생활 계획표로는 시간의 흐름을 확인할 수 없습니다. (          )

❸ 하루 동안 이루어지는 생활을 계획하여 정리할 수 있습니다. (          )

**2** 생활 계획표를 보고 알 수 있는 내용으로 알맞은 말을 고르세요.

❶ 오전 7시에 일어나 오후 ( 8시 , 9시 30분 )에 잠자리에 듭니다.

❷ 아침 식사를 하고 ( 학교 , 미술 학원 )에 가서 공부를 합니다.

❸ 오후 ( 6시 , 7시 )까지 놀고, 오후 7시부터 (한 시간 , 두 시간 ) 동안 책을 읽습니다.

**3** 다음 내용을 읽고, 생활 계획표 빈칸에 알맞은 내용을 쓰세요.

나는 오후 3시 30분부터 1시간 30분 동안 숙제를 할 계획입니다.

# 18일

## 시간의 흐름 독해
## 시간의 흐름을 표현하는 방법

앞에서 공부한 내용을 떠올리며 챗봇 대화를 완성해 보자!

**1** 학급 시간표를 왜 보아야 해?

수업을 어떤 ( 내용 , 순서 )(으)로 하는지 확인할 수 있고, ( 과목 , 시간 )의 흐름을 알 수 있기 때문입니다.

**2** 하루 동안의 생활을 시간대별로 계획해서 정리하고 싶은데, 어떻게 하면 좋을까?

( 생활 계획표 , 학급 시간표 )를 만듭니다.

**3** 생활 계획표의 모습을 보여 줄래?

# 교과서 내용 읽기

1 우리는 일상생활에서 시간의 흐름을 알 수 있는 여러 가지 자료를 활용합니다. 먼저 학교에서 볼 수 있는 학급 시간표가 있습니다. 학급 시간표는 학급에서 시간을 나누어 시간에 따라 공부할 과목을 적은 표입니다. 표에는 교시, 과목, 시간 등의 정보가 있어, 학교에서 어떤 순서로 수업하는지 알 수 있습니다. 그리고 학교에서 이루어지는 시간의 흐름을 확인할 수 있습니다.

2 생활 계획표로도 시간의 흐름을 확인할 수 있습니다. 생활 계획표는 하루 동안의 생활을 계획하여 정리한 것으로, 시간대별로 해야 할 일을 적습니다. 생활 계획을 세워 정리하면 계획을 확인하고 실천하며 하루를 알차게 보낼 수 있습니다.

3 날짜와 요일을 적어 놓은 달력을 보면, 시간이 어떻게 흐르는지 파악할 수 있습니다. 아래 달력처럼 달력에는 ◆공휴일, 기념해야 하는 날, 약속 등의 중요한 일정을 표시할 수 있습니다. 최근에는 스마트폰에 있는 달력을 활용하기도 합니다.

가

◆ 공휴일 설날, 추석, 삼일절, 현충일, 어린이날 등과 같이 국가나 사회에서 정하여 다 함께 쉬는 날

**1** 이 글의 내용으로 알맞지 <u>않은</u> 것은 무엇인가요? [ ✐ ]

① 학급 시간표를 보면 수업하는 순서를 확인할 수 있습니다.

② 학급 시간표에서 교시, 과목, 시간 등을 확인할 수 있습니다.

③ 생활 계획표는 하루 동안의 할 일을 시간대별로 정리한 것입니다.

④ 생활 계획표에는 공휴일, 기념해야 하는 날, 약속 등을 표시해야 합니다.

⑤ 학급 시간표, 생활 계획표, 달력 등으로 시간의 흐름을 표현할 수 있습니다.

자료 읽기

**2** 다음 빈칸에 들어갈 알맞은 내용 <u>두 가지</u>를 고르세요. [ ✐ , ]

가 에는 ( )이/가 적혀 있습니다.

① 교시       ② 과목       ③ 날짜       ④ 요일       ⑤ 시간대별 할 일

자료 활용

**3** 다음은 가 를 스마트폰 달력으로 나타낸 것입니다. 빈칸에 알맞을 일정을 쓰세요.

# 정리하기

 17, 18일차에서 공부한 내용을 정리하면 교과서 개념이 완성돼!

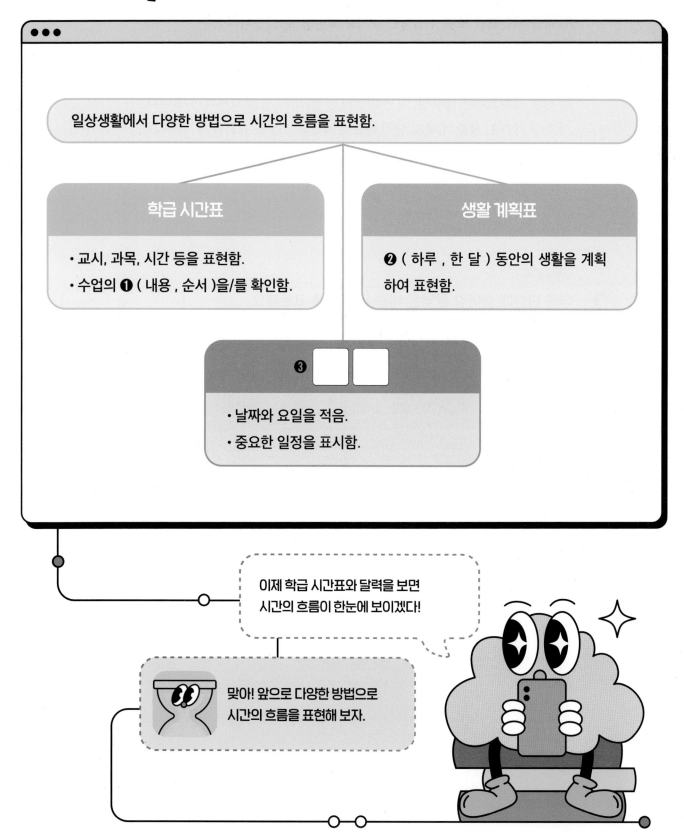

일상생활에서 다양한 방법으로 시간의 흐름을 표현함.

### 학급 시간표

· 교시, 과목, 시간 등을 표현함.
· 수업의 ❶ ( 내용 , 순서 )을/를 확인함.

### 생활 계획표

❷ ( 하루 , 한 달 ) 동안의 생활을 계획
하여 표현함.

❸ ☐☐

· 날짜와 요일을 적음.
· 중요한 일정을 표시함.

이제 학급 시간표와 달력을 보면
시간의 흐름이 한눈에 보이겠다!

맞아! 앞으로 다양한 방법으로
시간의 흐름을 표현해 보자.

# 19일

연표 자료

# 연표로 읽는 시간의 흐름

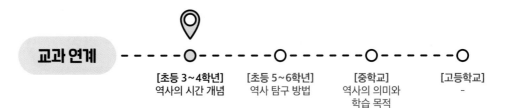

교과 연계

[초등 3~4학년]
역사의 시간 개념

[초등 5~6학년]
역사 탐구 방법

[중학교]
역사의 의미와
학습 목적

[고등학교]
–

## 교과서 속 어휘 알기

이건 옛날부터 오늘날까지 우리나라에 있었던 사건을 연표로 만든 거래. 연표가 엄청 길어.

우리나라가 발전하는 과정에서 많은 일이 있었으니깐.

| 연표 | | |
|---|---|---|
| 해 | 연 | 年 |
| 표 | 표 | 表 |

**과거에 있었던 일들을 시간의 흐름에 따라 알아보기 쉽게 정리한 표**

예 중요한 사건을 중심으로 연표를 만들었다.

| 과정 | | |
|---|---|---|
| 지나다 | 과 | 過 |
| 경로 | 정 | 程 |

**일이 되어가는 방법이나 순서**

예 식품을 검사하는 과정이 중요하다.

# 교과서 자료 읽기

연표를 보면 과거에 있었던 일들을 순서대로 알 수 있어.
어린이 도서관이 달라진 과정을 연표로 살펴보고 물음에 답해 보자.

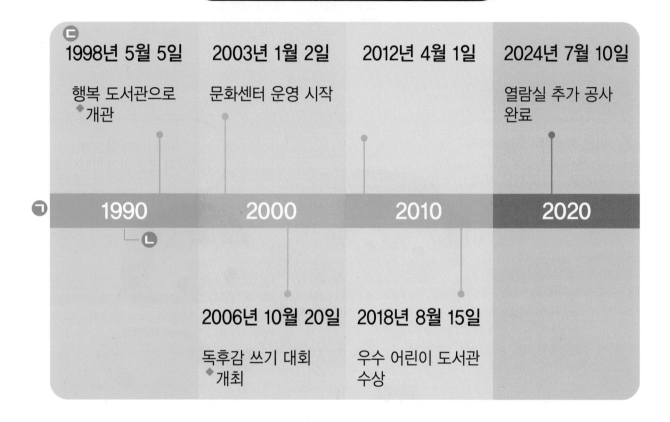

샛별 어린이 도서관이 달라진 과정

ㄷ

1998년 5월 5일
행복 도서관으로 개관

2003년 1월 2일
문화센터 운영 시작

2012년 4월 1일

2024년 7월 10일
열람실 추가 공사 완료

ㄱ
1990 2000 2010 2020
ㄴ

2006년 10월 20일
독후감 쓰기 대회 개최

2018년 8월 15일
우수 어린이 도서관 수상

◆ 개관 도서관, 영화관, 박물관 등의 기관을 처음으로 문을 엶.
◆ 개최 모임이나 회의 등을 주도하여 여는 것

**1** 제시된 연표는 샛별 어린이 도서관이 달라진 과정을 보여 주고 있어요.  시간의 흐름을 가로로 길게 나타냈어요. 이처럼 **곧은 선 모양의 연표를 '직선 연표'**라고 해요. 이 연표에서는 시간의 흐름을 왼쪽에서 오른쪽으로 표현했는데, **왼쪽이 오른쪽보다 더 오래된 과거**예요. 만약 시간의 흐름을 위에서 아래로 표현했다면, **위쪽이 아래쪽보다 더 오래된 과거**예요.

> **고르자** 연표에서는 ( 왼쪽 , 오른쪽 )이나 ( 위쪽 , 아래쪽 )이 더 오래된 과거입니다.

**2**  **10년 단위의 연도를 구분해서 그 시기에 있었던 일을 정리**하였어요. 예를 들어 2012년에 있었던 일은 2010년대에 포함돼요.

> ⓔ 샛별 어린이 도서관은 1990년대에 행복 도서관으로 개관하였습니다.

> **고르자** • 샛별 어린이 도서관은 ( 1990 , 2000 )년대에 문화센터 운영을 시작하였습니다.
> • 샛별 어린이 도서관은 ( 2010, 2020 )년대에 열람실 추가 공사를 완료하였습니다.

**3** ⓒ **일어난 일과 일이 일어난 때를 시간의 순서대로** 나타내고 있어요. 연표에는 시기마다 있었던 모든 일을 나타내지 않는 경우가 많아요. 주로 그 **시기에 있었던 중요한 일을 골라 정리**해요.

> **고르자** • 연표에는 일어난 일과 일이 일어난 때를 나타냅니다. ( ○ , × )
> • 연표에는 각 시기에 있었던 모든 일을 정리해서 나타내야 합니다. ( ○ , × )

**4** 연표를 보면 과거에 있었던 중요한 일이 언제 있었는지를 확인할 수 있어요.

> ⓔ 샛별 어린이 도서관은 1998년 5월 5일에 처음으로 문을 열었습니다.

> **고르자** 샛별 어린이 도서관에서 2018년에 일어난 일은 ( 문화센터 운영 , 우수 어린이 도서관 수상 )이고, 독후감 쓰기 대회를 개최한 때는 ( 2003년 1월 2일 , 2006년 10월 20일 )입니다.

> **쓰자** 다음 일이 들어갈 위치를 연표에서 찾아 '샛별 어린이 도서관으로 이름 변경'이라고 써 보자.

2012년 4월 1일에 '행복 도서관'이었던 이름을 '샛별 어린이 도서관'으로 변경하였습니다.

# 자료 더 읽기

연표를 부드럽게 굽은 선으로 표현한 곡선 연표도 있어.
우리나라 ◆화폐가 달라진 과정을 알 수 있는 연표를 살펴보고 물음에 답해 보자.

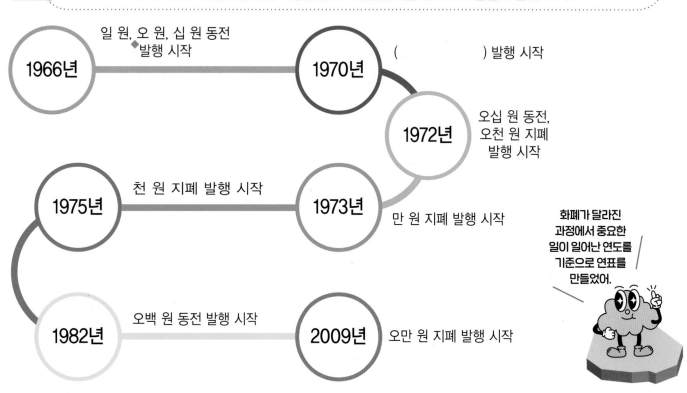

화폐가 달라진 과정에서 중요한 일이 일어난 연도를 기준으로 연표를 만들었어.

◆ 화폐 물건을 사고팔 때 값을 치르는 데에 쓰이는 돈
◆ 발행 화폐 등을 만들어 세상에 내놓아 널리 쓰도록 함.

## 1 연표에 대한 설명으로 알맞은 말을 고르세요.

❶ 화폐가 달라진 과정을 ( 곡선 , 직선 ) 연표로 나타냈습니다.

❷ 화폐가 달라진 과정에서 일어난 ( 모든 , 중요한 ) 일을 정리하였습니다.

## 2 연표를 보고 알 수 있는 내용으로 알맞은 말을 쓰세요.

❶ (          )년에 일 원, 오 원, 십 원 동전이 발행되었습니다.

❷ 1973년에 (          ) 지폐를 발행하기 시작하였습니다.

❸ 오만 원 지폐는 (          )년에 발행하기 시작하였습니다.

## 3 다음 내용을 읽고, 연표의 빈칸에 알맞은 내용을 쓰세요.

우리나라는 1970년에 백 원 동전 발행을 시작하였습니다.

# 20일  연표의 필요성과 연표 읽는 방법

앞에서 공부한 내용을 떠올리며 챗봇 대화를 완성해 보자!

> **1** 샛별 어린이 도서관이 달라진 과정을 알고 싶어.

과거에 있었던 일들을 시간의 흐름에 따라 정리한
(　　　　　)을/를 보고 알 수 있습니다.

> **2** 관련한 연표를 보여 줄래?

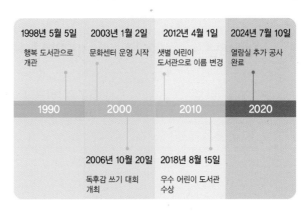

| 1998년 5월 5일 | 2003년 1월 2일 | 2012년 4월 1일 | 2024년 7월 10일 |
|---|---|---|---|
| 행복 도서관으로 개관 | 문화센터 운영 시작 | 샛별 어린이 도서관으로 이름 변경 | 열람실 추가 공사 완료 |
| 1990 | 2000 | 2010 | 2020 |
| | 2006년 10월 20일 | 2018년 8월 15일 | |
| | 독후감 쓰기 대회 개최 | 우수 어린이 도서관 수상 | |

이 ( 직선 , 곡선 ) 연표를 보면, 샛별 어린이 도서관에서 있
었던 ( 모든 , 중요한 ) 일과 그 일이 ( 언제 , 어디서 ) 일어났
는지 확인할 수 있습니다.

정답과 해설 20쪽

**1** 연표는 과거에 있었던 일들을 시간의 흐름에 따라 알아보기 쉽게 표로 정리한 것입니다. 연표를 보면 중요한 일과 그 일이 일어난 때를 알 수 있습니다. 연표를 활용하면 한 나라에서 일어난 일을 정리할 수 있습니다. 특정 지역, 학교나 도서관과 같은 기관이 달라진 과정을 정리한 연표도 있습니다. 화폐나 전화기가 변화한 과정 등과 같이 하나의 주제를 정해 그 주제와 관련한 일만 연표로 정리하기도 합니다. 한 인물의 삶을 연표로 나타내기도 합니다.

**2** 연표는 표현 방법에 따라 크게 직선 연표와 곡선 연표로 나눌 수 있습니다. 직선 연표는 곧은 선의 모양이고 곡선 연표는 부드럽게 굽은 선 모양입니다. 연표에서 시간의 흐름을 왼쪽에서 오른쪽으로, 또는 위쪽에서 아래쪽으로 표현합니다. 이때, 왼쪽이 오른쪽보다 더 오래된 과거이고, 위쪽이 아래쪽보다 더 오래된 과거입니다.

**3** 다음 연표는 한글의 변화 과정을 보여 주는 연표입니다. 이 연표는 1443년 훈민정음이 ◆창제되고 1997년 ◆훈민정음해례본이 세계 기록 유산으로 지정되기까지 한글의 변화 과정 중 중요한 일들을 보여 줍니다.

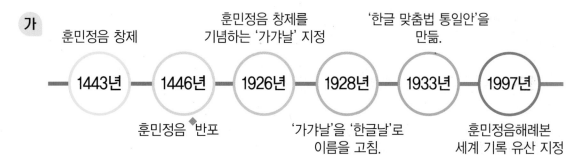

◆ 창제 전에 없던 것을 처음으로 만들거나 정함.
◆ 훈민정음해례본 훈민정음이라는 문자의 사용 방법을 알리기 위하여 만들어진 책
◆ 반포 세상에 널리 퍼뜨려 모두 알게 함.

**1** 연표에 대한 설명으로 알맞은 말을 고르세요.

연표는 과거에 있었던 일들을 ( 시간의 흐름 , 중요한 순서)에 따라 알아보기 쉽게 표로 정리한 것입니다.

**2** 이 글에 대한 설명으로 알맞지 <u>않은</u> 것은 무엇인가요?  [✎    ]

① 연표에는 과거의 중요한 일과 그 일이 있었던 때를 나타냅니다.

② 특정 주제를 정해서 주제와 관련한 일을 연표로 정리할 수 있습니다.

③ 연표는 표현하는 방법에 따라 직선 연표와 곡선 연표로 나눌 수 있습니다.

④ 연표를 확인하면 과거에 있었던 일들을 순서대로 한눈에 파악할 수 있습니다.

⑤ 연표에서 왼쪽이 오른쪽보다, 아래쪽이 위쪽보다 더 오래된 과거를 나타냅니다.

자료 읽기

**3** 가 에 대한 설명으로 알맞은 것은 무엇인가요?  [✎    ]

① 시간의 흐름을 곡선으로 나타냈습니다.

② 연표에서 왼쪽이 오늘날과 가까운 시기입니다.

③ 특정한 인물의 삶에서 일어난 일을 정리하고 있습니다.

④ 한글과 관련한 중요한 일이 언제 일어났는지 알 수 있습니다.

⑤ 한글이 만들어지고 변화한 과정에서 일어난 모든 일을 적었습니다.

자료 읽기

**4** 가 를 보고 알 수 있는 내용으로 알맞지 <u>않은</u> 것은 무엇인가요?  [✎    ]

① 1443년에 훈민정음이 만들어졌습니다.

② '한글날'의 처음 이름은 '가갸날'이었습니다.

③ 1933년에 '한글 맞춤법 통일안'이 만들어졌습니다.

④ 훈민정음은 만들어지고 3년이 지난 후에 반포되었습니다.

⑤ 훈민정음해례본은 1933년에 세계 기록 유산으로 지정되었습니다.

# 정리하기

 19, 20일차에서 공부한 내용을 정리하면 교과서 개념이 완성돼!

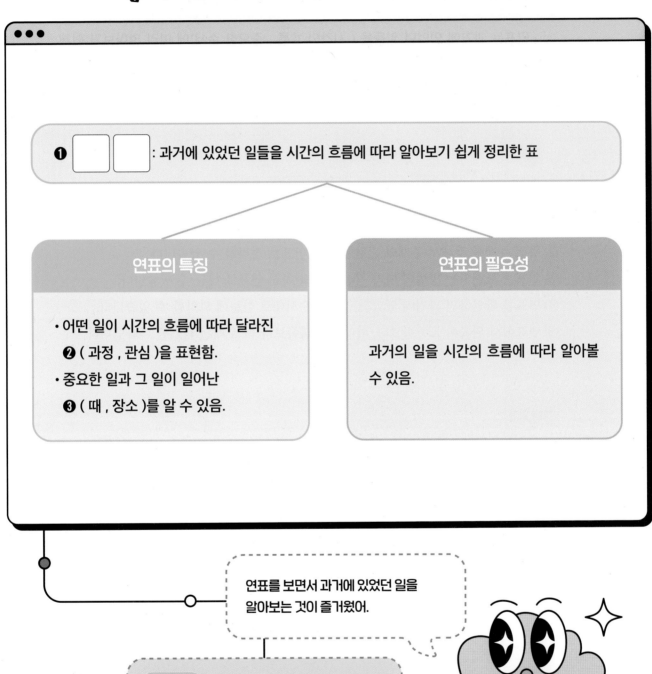

❶ ☐ ☐ : 과거에 있었던 일들을 시간의 흐름에 따라 알아보기 쉽게 정리한 표

## 연표의 특징

• 어떤 일이 시간의 흐름에 따라 달라진
❷ ( 과정 , 관심 )을 표현함.
• 중요한 일과 그 일이 일어난
❸ ( 때 , 장소 )를 알 수 있음.

## 연표의 필요성

과거의 일을 시간의 흐름에 따라 알아볼
수 있음.

연표를 보면서 과거에 있었던 일을
알아보는 것이 즐거웠어.

맞아! 연표는 과거의 중요한 일을
더 쉽게 기억하게 도움을 주지.

# 21일 연표 만들기 자료

# 연표로 정리하는 나의 이야기

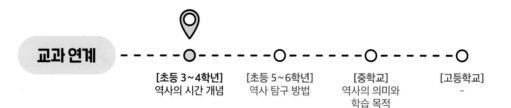

교과 연계

[초등 3~4학년]
역사의 시간 개념

[초등 5~6학년]
역사 탐구 방법

[중학교]
역사의 의미와
학습 목적

[고등학교]
–

## 교과서 속 어휘 알기

| 시기 | | |
|---|---|---|
| 때 | 시 | 時 |
| 기약하다 | 기 | 期 |

**어떤 일이나 현상이 진행되는 때**

예 가을은 곡식을 거두는 시기이다.

| 역사 | | |
|---|---|---|
| 지나다 | 역 | 歷 |
| 역사 | 사 | 史 |

**과거에 있었던 일
또는 그 일을 기록한 것**

예 우리나라는 오랜 역사를 가지고 있다.

# 교과서 자료 읽기

나에게 일어난 중요한 일을 연표로 정리할 수 있어.
어느 학생이 만든 '나의 연표'를 살펴보고 물음에 답해 보자.

## 나의 연표

| ㄱ 연도 | | ㄴ 중요한 일 |
|---|---|---|
| 20□□ | 0살 | • 인천광역시에서 태어남. |
| 20□□ | 1살 | • 돌잔치를 함. |
| 20□□ | 2살 | |
| 20□□ | 3살 | • 가족들과 (              )(으)로 이사함. |
| 20□□ | 4살 | • ○○ 어린이집에 다니기 시작함. |
| 20□□ | 5살 | • 처음으로 이를 뽑음. |
| 20□□ | 6살 | • (              ) 대회에서 상을 받음. |
| 20□□ | 7살 | • ○○ 초등학교에 입학함. / 가족들과 올림픽 경기를 봄. |
| 20□□ | 8살 | • 학급 임원 선거에서 회장으로 뽑힘. |
| 20□□ | 9살 | • 집 근처에 어린이 도서관이 생김. |

100

**1** 제시된 연표는 **자신에게 일어난 일을 직선 연표로** 나타냈어요.

[고르자] 나에게 일어난 일을 연표로 만들 수 없습니다. ( ○ , × )

**2** ㉠은 시기를 나타내요. 연표에서는 연도와 함께 그 연도에 자기가 몇 살이었는지 적었어요.

[고르자] 이 연표로 0살부터 ( 8살 , 9살 )까지 있었던 일을 확인할 수 있습니다.

**3** ㉡ **각 시기마다 있었던 중요한 일을** 정리하였어요. 나에게 중요한 일을 찾을 때는 나뿐만 아니라 가족, 학교 등 내 주변에서 일어난 일도 함께 알아보는 것이 좋아요. 이때 **나를 찍은 사진이나 내가 쓴 일기도 좋은 자료가 될 수 있어요. 나를 잘 아는 주변 사람에게 물어 볼 수도 있어요.**

[고르자] 나에게 일어난 중요한 일은 사진, ( 일기 , 교과서 ) 등에서 찾을 수 있고, ( 나 , 내 친구 )를 잘 아는 주변 사람에게 물어 알아볼 수도 있습니다.

[쓰자]

다음은 나에게 중요한 일을 알아보며 찾은 사진이야.
연표에서 알맞은 시기를 찾아 빈칸에 알맞은 말을 써 보자.

3살 때 가족들과 부천시로 이사함.

6살 때 그림 그리기 대회에서 상을 받음.

**4** 연표를 보면 **나에게 일어난 중요한 일과 그 일이 언제 일어났는지 순서대로** 알 수 있어요.

㉢ 저는 인천광역시에서 태어나 1살 때 돌잔치를 하였습니다.

[고르자] · 저는 ( 5살 , 6살 )에 처음으로 이를 뽑았습니다.

· 저는 8살 때 ( 올림픽 경기를 봤습니다 , 학급 회장으로 뽑혔습니다 ).

# 자료 더 읽기

나를 포함한 우리 가족에게 있었던 중요한 일도 연표로 나타낼 수 있어.
가족 연표로 우리 가족의 역사를 알 수 있지.
어느 가족의 연표를 보면서 물음에 답해 보자.

| 연도 | 중요한 일 |
|---|---|
| 2010년 | • 2010년 부모님 결혼 |
| 2013년 | • 부모님이 수원시로 이사함. |
| 2016년 | • 첫째 현서가 태어남. |
| 2020년 | • 가족이 베트남으로 여행을 감. |
| 2023년 | • 현서가 초등학교에 입학함. / 둘째 현아가 태어남. |

**1** 다음 설명이 맞으면 ○, 틀리면 × 표를 하세요.

❶ 나에게 일어난 일만 연표로 나타낼 수 있습니다. ( ○ , × )

❷ 가족 연표를 살펴보면 가족의 역사를 알 수 있습니다. ( ○ , × )

**2** 연표를 보고 알 수 있는 내용으로 알맞은 말을 쓰세요.

❶ (          )년에 부모님이 수원시로 이사를 하였습니다.

❷ 부모님이 결혼하시고 (          )년 뒤에 현서가 태어났습니다.

❸ 현서는 2023년에 (          )에 입학하였습니다.

**3** 다음 내용을 읽고, 밑줄 친 '이 해'를 연표에서 골라 ○ 표를 하세요.

내가 태어나고 4년이 지난 이 해에 우리 가족은 여행을 갔습니다. 여행지에서 맛있는 음식을 먹고 즐겁게 놀면서 많은 추억을 만들었습니다.

# 22일 연표 만들기 독해
# 나의 연표를 만드는 방법

앞에서 공부한 내용을 떠올리며 챗봇 대화를 완성해 보자!

1  나에게 일어난 일들로 연표를 만들 수 있을까?

☐ 네, 나에게 일어난 중요한 일로 연표를 만들 수 있습니다.
☐ 아니요, 나에게 일어난 일로는 연표를 만들 수 없습니다.

2  다음 내용으로 나의 연표를 만들어 줄래?
   나는 2015년에 태어났고, 2021년에 유치원에 들어갔어.
   2023년에는 초등학교에 입학하였어.

☐

| 연도 | 중요한 일 |
|---|---|
| 2015년 | • 태어남. |
| 2021년 | • 초등학교 입학 |
| 2023년 | • 유치원 입학 |

☐

| 연도 | 중요한 일 |
|---|---|
| 2015년 | • 태어남. |
| 2021년 | • 유치원 입학 |
| 2023년 | • 초등학교 입학 |

# 교과서 내용 읽기

**1** 우리는 살면서 다양한 경험을 합니다. 그 경험들 가운데에는 나에게 중요한 일들이 있습니다. 이러한 일들을 시간의 흐름에 따라 정리해서 연표를 만들 수 있습니다. 나의 연표를 만들려면, 먼저 나에게 일어났던 일들을 조사합니다. 나에게 일어난 일은 자신이 쓴 일기, 사진이나 영상 등을 보면서 확인할 수 있습니다. 부모님이나 선생님께 여쭈어볼 수도 있습니다. 이때, 나뿐만 아니라 나의 가족, 학교, 내가 사는 곳 등 내 주변에서 일어난 일도 함께 알아보는 것이 좋습니다.

**2** 다음으로 조사한 내용을 연표로 나타냅니다. 연표에 시기를 적고 각 시기에 있었던 중요한 일을 ◆기록합니다. 이때, 조사한 내용을 모두 적지 않아도 괜찮습니다. 조사한 내용 가운데 나에게 중요한 일을 골라 씁니다. 이러한 과정으로 다음과 같이 나의 연표를 만들 수 있습니다. 연표를 완성하고 나면, 시간에 따라 살펴보면서 나에게 일어난 일을 이해합니다.

**가**

### 서연이의 연표

| 연도 | | 중요한 일 |
|---|---|---|
| 20□□ | 0살 | • 전주시에서 태어남. |
| 20□□ | 5살 | • ○○ 유치원에 입학함. / 반려견을 입양함. |
| 20□□ | 6살 | • 놀이터에서 놀다가 팔을 다침. |
| 20□□ | 7살 | • ○○ 초등학교에 입학함. |
| 20□□ | 9살 | • 말하기 대회에서 최우수상을 받음. |

**3** 나의 연표를 만든 것처럼 우리 가족에게 일어난 중요한 일들도 연표로 만들 수 있습니다. 가족의 연표를 만들면 우리 가족에게 중요했던 일을 살펴볼 수 있습니다. 이러한 과정으로 가족의 역사를 알고, 가족에 대해 더 잘 이해할 수 있습니다.

◆ 기록하다 나중에 전하고자 어떤 사실을 적다.

**1** 이 글의 내용으로 알맞지 <u>않은</u> 것은 무엇인가요?  [     ]

① 나 또는 가족에게 일어난 일을 연표로 정리할 수 있습니다.

② 가족의 연표를 만들면 가족에 대해 더 잘 이해할 수 있습니다.

③ 내 주변에서 일어난 일은 나에게 일어난 일과 관계가 없습니다.

④ 나의 연표를 만들 때는 일어난 일 중에서 중요한 것을 골라 씁니다.

⑤ 나의 연표를 만들 때 사진, 영상을 보면 일어난 일을 알 수 있습니다.

**2** 다음은 나의 연표를 만드는 과정입니다. 내용에 알맞은 말을 고르세요.

나에게 일어난 일 ❶ ( 상상하기 , 조사하기 )

⬇

연표에 시기를 쓰고, 각 시기에 있었던 중요한 일 ❷ ( 기록하기 , 조사하기 )

⬇

완성한 나의 연표를 ❸ ( 시간 , 장소 )에 따라 살펴보기

자료읽기

**3** **가** 를 보고 알 수 있는 내용으로 알맞지 <u>않은</u> 것은 무엇인가요?  [     ]

① 서연이는 5살 때 유치원에 입학하였습니다.

② 서연이는 7살 때 초등학교에 입학하였습니다.

③ 서연이가 팔을 다쳤던 일은 6살 때 있었습니다.

④ 서연이는 초등학교에 입학할 때 반려견을 입양하였습니다.

⑤ 서연이는 초등학교에 입학하고 2년 뒤에 대회에서 상을 받았습니다.

# 정리하기

 21, 22일차에서 공부한 내용을 정리하면 교과서 개념이 완성돼!

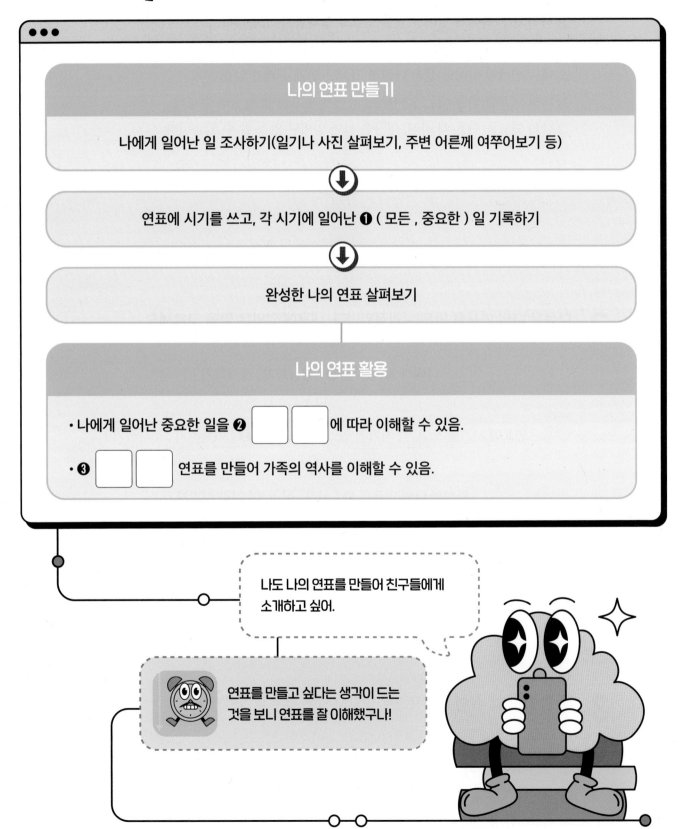

## 나의 연표 만들기

나에게 일어난 일 조사하기(일기나 사진 살펴보기, 주변 어른께 여쭈어보기 등)

↓

연표에 시기를 쓰고, 각 시기에 일어난 ❶ ( 모든 , 중요한 ) 일 기록하기

↓

완성한 나의 연표 살펴보기

## 나의 연표 활용

· 나에게 일어난 중요한 일을 ❷ ☐☐ 에 따라 이해할 수 있음.

· ❸ ☐☐ 연표를 만들어 가족의 역사를 이해할 수 있음.

나도 나의 연표를 만들어 친구들에게 소개하고 싶어.

연표를 만들고 싶다는 생각이 드는 것을 보니 연표를 잘 이해했구나!

# 도전! 어휘 퀴즈

## 가로 퀴즈

**가로①** 이미 지나간 때
　　(예) 할아버지께서는 ○○에 선생님이셨다.

**가로②** 어떤 일이나 현상이 진행되는 때
　　(예) 가을은 벼가 무르익는 ○○이다.

**가로③** 과거에 있었던 일 또는 그 일을 기록한 것
　　(예) 세종대왕은 ○○에서 중요한 인물이다.

**가로④** 학급에서 시간을 나누어 그 시간에 공부하는 과목 등을 적은 표

## 세로 퀴즈

**세로①** 일이 되어가는 방법이나 순서
　　(예) 모든 일은 결과만큼 ○○도 중요하다.

**세로②** 나중에 전하고자 어떤 사실을 적다.
　　(예) 연표에 중요한 일을 ○○○○.

**세로③** 한 줄기로 잇따라 진행되는 현상
　　(예) 달력에서 시간의 ○○을 살펴보자.

**세로④** 과거에 있었던 일들을 시간의 흐름에 따라 알아보기 쉽게 정리한 표

섬을 모험하며
알게 된 어휘로
퀴즈를
풀어 보자!

# 스스로 평가해요! 자신 있는 만큼 색칠해서 나의 공부력 을 확인해 보세요.

시간을 표현하는 말을 사용해
일기를 쓸 수 있나요?

친구에게 학급 시간표에 나타난
시간의 흐름을 설명할 수 있나요?

나의 연표를 만들어 부모님께
소개할 수 있나요?

# 4 단원
# 과거와 달라진 생활 모습

✦ 이 단원에 나오는 자료 │ 사진, 신문 기사, 계획서

## 주제 ③

▶ 지역의 모습

**27일차 자료** | 127쪽
사진으로 비교하는
지역의 모습

**28일차 독해** | 131쪽
옛날과 오늘날의
지역의 모습

## 주제 ④

▶ 지역 조사하기

**29일차 자료** | 135쪽
계획서로 정리하는
조사 계획

**30일차 독해** | 139쪽
지역의 달라진 모습
조사하기

▶ 뭉치

이제 마지막! 정글 섬이야.
섬에 숨어 있는 다양한 자료를
함께 찾아보자!

# 단원 준비하기

이 단원에서는 옛날 모습을 알 수 있는 사진에 대해 배울 거야.
다음 사진은 옛날 방의 모습이야.
빈칸에 알맞은 물건을 찾아 번호를 써 볼래?

① 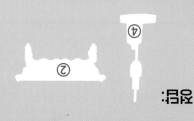 ② 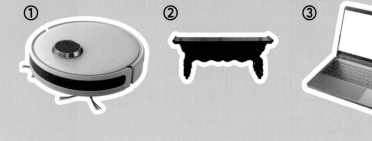 ③  ④

정답: ②, ④

물건을 잘 찾아 방의 모습을 완성하였네! 방안의 모습처럼 옛날에는 지금과 다른 물건을 사용하였어.

# 23일

## 오래된 물건 자료
# 사진으로 보는 과거의 모습

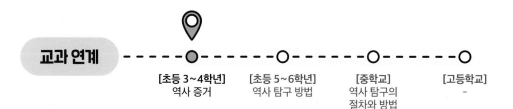

교과 연계

[초등 3~4학년]
역사 증거

[초등 5~6학년]
역사 탐구 방법

[중학교]
역사 탐구의
절차와 방법

[고등학교]
–

## 교과서 속 어휘 알기

엄마, 제가 만든 것이에요!
엄마도 어릴 적에
만들기를 잘하셨어요?

그럼, 엄마가 네 나이 때에
만든 것들을 볼래?
이 물건들이 그 증거란다.

| 물건 | | |
| --- | --- | --- |
| 물건 | 물 | 物 |
| 물건 | 건 | 件 |

일정한 모양을 갖춘 모든 것

예 중요한 물건을 맡기다.

| 증거 | | |
| --- | --- | --- |
| 증거 | 증 | 證 |
| 근거 | 거 | 據 |

무엇이 사실인지 알 수 있는 이유

예 확실한 증거를 발견하였다.

# 교과서 **자료** 읽기

우리 집이나 할머니 댁에서 오래된 물건을 찾을 수 있어.
오래된 물건에는 과거 모습을 알 수 있는 증거가 있지.
그럼, 오래된 물건을 살펴 보고 물음에 답해 보자.

가 ☐

↑ 배냇저고리

나 ☐

↑ 무선 ◆호출기

다 ☐

↑ 카세트테이프(왼쪽, 국립 민속 박물관)와 카세트 플레이어(오른쪽, 국립 민속 박물관)

라 ☐

↑ 요강(국립 민속 박물관)

◆ 호출 전화 등의 신호로 상대방을 부르는 일

**1** 오래된 물건을 볼 때는 **물건의 모양을 살펴봐요**. 가 는 **갓난아이가 입는 옷**인 배냇저고리예요. 배냇저고리는 우리나라 한복 저고리를 바탕으로 만들었어요. 저고리에는 깃이라는 부분이 있는데, 배냇저고리에는 깃을 달지 않아요. 뻣뻣한 깃이 있으면 갓난아이의 옷을 벗기고 입히기 힘들고 아이의 피부를 상하게 할 수도 있기 때문이에요.

깃

← 한복저고리

**고르자** 배냇저고리로 ( 어른 , 갓난아이 )을/를 위한 옷이 있었다는 사실을 알 수 있습니다.

**2** 나 는 **과거에 연락할 때 사용한 기계**예요. 호출이 오면 소리가 나거나 진동이 울리고, 호출한 사람의 전화번호가 ㉠ 부분에 나타나요. 무선 호출기는 선이 없고 크기가 작아서 몸에 지니고 다닐 수 있었어요. 휴대 전화가 널리 사용되기 전에는 무선 호출기로 연락을 주고받았어요.

**고르자** 휴대 전화가 널리 사용되기 전에는 무선 호출기로 연락을 주고받았습니다. ( ○ , × )

**3** 다 는 과거에 음악을 들을 때 사용한 물건이에요. 과거에는 카세트테이프를 카세트 플레이어에 넣고 작동시키면 음악을 들을 수 있었어요. 카세트테이프는 오늘날 음악 파일과 같아요.

**쓰자** 카세트테이프는 과거에 (          )을/를 들을 때 사용한 물건입니다.

**4** 라 는 그릇 모양에 뚜껑이 있는 물건이에요. 요강은 옛날에 **방 안에서 오줌을 눌 때 사용**하였어요. 집 안에 화장실이 있는 오늘날과 다르게 옛날에는 화장실이 방과 멀리 떨어져 있거나 집 밖에 있는 경우가 많았어요. 밤에는 너무 어두워서 화장실에 갈 수 없어, 방 안에 요강을 두고 볼일을 본 것이에요.

**쓰자** 옛날에는 밤에 볼일을 볼 때 (          )을/를 사용하였습니다.

**5** 오래된 물건을 보면 과거의 모습을 알 수 있어요.

**고르자**

다음 내용에서 밑줄 친 '이것'에 알맞은 물건을 골라 V 표를 해 볼래?

나는 예전에 이것을 자주 사용하였어요. 이것에서 진동이 울리면 전화번호를 확인하고, 주변에서 전화기를 찾아 상대방에게 연락을 하였어요.

# 자료 더 읽기

우리는 오래된 물건으로 과거의 생활 모습을 알 수 있어.
오래된 물건을 더 살펴보고 물음에 답해 보자.

⬆ 맷돌

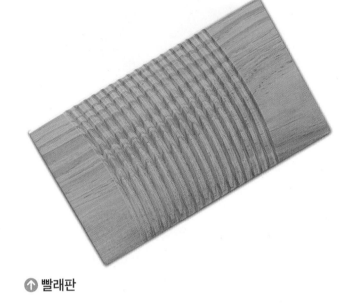

⬆ 빨래판

**1** 사진에 대한 설명이 맞으면 ○, 틀리면 ✕ 표를 하세요.

❶ 사진 속 물건들은 오늘날 사람들이 자주 사용하는 것입니다. (          )

❷ 사진 속 물건들은 과거의 생활 모습을 알 수 있는 증거가 됩니다. (          )

**2** 사진을 보고 알 수 있는 내용으로 알맞은 말을 고르세요.

❶ 맷돌은 둥글고 납작한 ( 나무 , 돌 )을/를 포개어 만들었습니다.

❷ 맷돌에는 손잡이가 ( 있고 , 없고 ) 무언가를 넣을 수 있는 구멍이 있습니다.

❸ 빨래판은 넓적한 ( 나무 , 돌 )로 만들었습니다.

❹ 빨래판의 가운데에는 물결같이 ( 매끈한 , 울퉁불퉁한 ) 모양이 있습니다.

**3** 다음 내용에 알맞은 오래된 물건을 고르세요.

❶ 곡식을 구멍에 넣고 손잡이를 돌려 곡식을 갈았습니다. ( 맷돌 , 빨래판 )

❷ 울퉁불퉁한 부분에 옷이나 이불을 비벼서 빨았습니다. ( 맷돌 , 빨래판 )

# 24일

오래된 물건 독해

# 오래된 물건으로 알 수 있는 과거의 모습

앞에서 공부한 내용을 떠올리며 챗봇 대화를 완성해 보자!

1 내가 아주 어렸을 때 배냇저고리를 입었대. 배냇저고리가 뭐야?

위 사진이 배냇저고리입니다. 배냇저고리는 갓난아이가 입는 옷입니다. 이 옷에는 ( 깃 , 소매 )이/가 없어서 옷을 입히고 벗기기 ( 쉽습니다 , 어렵습니다 ).

2 배냇저고리는 오래된 물건이구나. 그런데 오래된 물건을 왜 간직하고 살펴봐야 하는 거야?

오래된 물건에는 ( 과거 , 현재 )의 모습을 알 수 있는 증거가 있기 때문입니다.

1 집 안을 살펴보면 부모님이 결혼하시기 전에 사용하셨던 물건이나 할아버지, 할머니가 쓰셨던 물건들이 있습니다. 내가 어릴 적에 입었던 옷이나 가지고 놀던 장난감, 갓난아이일 때 사용한 그릇 등도 있습니다. 이처럼 우리 주변에는 오래된 물건들이 있습니다. 오래된 물건에는 과거 모습을 알 수 있는 증거가 있습니다.

2 필름 카메라는 과거에 사진을 찍을 때 사용하였던 물건입니다. 카메라에 필름을 넣고 사진을 찍으면 필름에 찍은 모습이 나타납니다. 이 필름을 사진관에 가져가서 종이로 옮기면 사진이 만들어집니다. 오늘날에는 스마트폰으로 사진을 찍어서 사진을 바로 확인할 수 있지만 필름 카메라를 사용하였을 때에는 사진을 볼 때까지 시간이 걸렸습니다.

가

필름

↑ 필름 카메라

3 인두도 과거의 모습을 보여 주는 오래된 물건입니다. 인두는 옛날에 옷을 다릴 때 사용한 물건입니다. 인두의 모양은 오늘날 요리할 때 사용하는 도구와 닮았습니다. 사람들은 철로 만든 앞부분에 뜨거운 숯을 넣어 옷 위를 문지르며 옷을 다렸습니다. 이때 손잡이 부분은 뜨겁지 않게 나무로 만들었습니다. 인두를 보면 옛날 사람들은 뜨거운 숯과 인두로 옷의 주름을 폈다는 것을 알 수 있습니다.

나

↑ 인두

**1** 빈칸에 들어갈 알맞은 말을 쓰세요.

오래된 (　　　　　)에는 과거의 모습을 알 수 있는 증거가 있습니다.

자료 읽기

**2** 가 와 나 에 대한 설명으로 알맞지 <u>않은</u> 것은 무엇인가요?　　　[✎　　　]

① 가 는 사진을 찍을 때 사용한 물건입니다.

② 가 로 사진을 찍으려면 필름이 필요합니다.

③ 나 는 옛날에 음식을 만들 때 사용한 물건입니다.

④ 나 의 앞부분은 철로, 손잡이 부분은 나무로 만들었습니다.

⑤ 가 와 나 는 모두 오래된 물건입니다.

자료 활용

**3** 인두를 사용하는 모습을 표현한 그림으로 알맞은 것을 고르세요.

자료 읽기

**4** 가 와 나 로 알 수 있는 과거의 모습으로 알맞지 <u>않은</u> 말을 한 학생을 고르세요.

옛날에는 구겨진 옷을 인두와 숯을 사용해서 폈어요.

과거에는 필름 카메라로 찍은 사진을 바로 확인했어요.

필름 카메라를 사용하였을 때에는 사진을 보러 사진관에 가야 했어요.

# 정리하기

 23, 24일차에서 공부한 내용을 정리하면 교과서 개념이 완성돼!

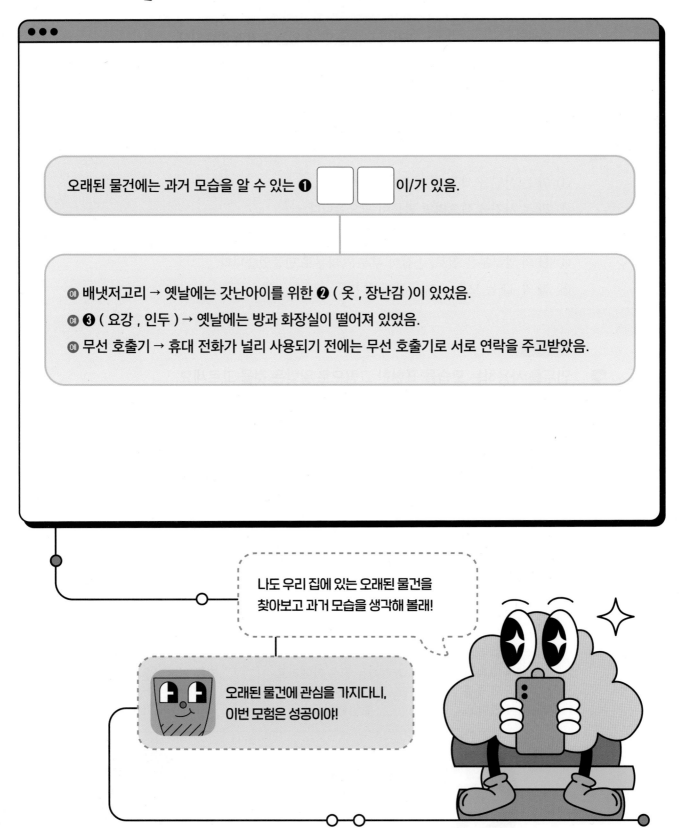

오래된 물건에는 과거 모습을 알 수 있는 ❶ ☐☐ 이/가 있음.

- ㉠ 배냇저고리 → 옛날에는 갓난아이를 위한 ❷ ( 옷 , 장난감 )이 있었음.
- ㉠ ❸ ( 요강 , 인두 ) → 옛날에는 방과 화장실이 떨어져 있었음.
- ㉠ 무선 호출기 → 휴대 전화가 널리 사용되기 전에는 무선 호출기로 서로 연락을 주고받았음.

나도 우리 집에 있는 오래된 물건을 찾아보고 과거 모습을 생각해 볼래!

오래된 물건에 관심을 가지다니, 이번 모험은 성공이야!

# 25일

오래된 자료 **자료**

## 신문 기사로 읽는 과거의 모습

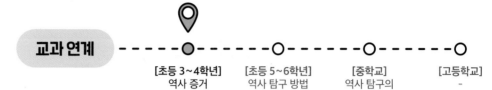

| 교과 연계 | [초등 3~4학년] 역사 증거 | [초등 5~6학년] 역사 탐구 방법 | [중학교] 역사 탐구의 절차와 방법 | [고등학교] - |
|---|---|---|---|---|

### 교과서 속 어휘 알기

정말? 그런 이야기가 더 있는지 자료를 찾아볼래!

『흥부와 놀부』는 전래된 이야기래. 그래서 누가 이야기를 지었는지 알 수 없대.

## 전래되다

| 전하다 | 전 | 傳 |
|---|---|---|
| 오다 | 래 | 來 |

**옛날부터 전하여져 내려오다.**

예 옛이야기가 전래되었다.

## 자료

| 재료 | 자 | 資 |
|---|---|---|
| 헤아리다 | 료 | 料 |

**연구나 조사의 바탕이 되는 재료**

예 인터넷에서 자료를 찾다.

## 자료

# 교과서 자료 읽기

과거의 모습을 알 수 있는 오래된 물건도 있고, 오래된 자료도 있어.
과거에 있었던 일을 신문 기사로 살펴보며 물음에 답해 보자.

가

○○신문　　　　　　　　　　　　　　　1980년 12월 1일

### 컬러 텔레비전 방송 시작

오늘 우리나라에서 처음으로 컬러 텔레비전 방송이 시작되었다. 이제 사람들은 방송을 ◆흑백이 아닌 컬러로 볼 수 있게 된 것이다. 컬러 텔레비전 방송을 처음 본 사람들은 텔레비전에서 다채로운 색을 볼 수 있다는 것에 놀라워하였다.

↑ 컬러 텔레비전

나

○○신문　　　　　　　　　　　　　　　1985년 2월 23일

### 우리나라의 첫 피자 패스트푸드 매장 문을 열다

어제 서울특별시 용산구에 우리나라에서 처음으로 피자 패스트푸드 매장이 문을 열었다. 많은 사람이 매장을 방문하였고, 처음 맛보는 음식인 피자에 관심을 가졌다. 특히 가족끼리 외식을 하고자 매장을 찾는 경우가 많았다.

◆ 흑백 영상에서 검은색과 흰색만 나오는 것

**1** ㉠ 신문 기사에는 날짜가 있어요. **이 날짜는 신문을 찍어 낸 날**이에요. 그래서 날짜를 보고 일이 일어난 시기를 알 수 있어요.

> 고르자  가 신문은 ( 1980년 , 1990년 ) 12월 1일에 찍어 낸 것입니다.

**2** ㉡ 신문 기사 제목은 눈에 띄게 다른 내용보다 크고 굵게 써요. **제목은 기사의 중심 내용을 나타내요.** 그래서 제목으로 기사 내용을 짐작할 수 있어요.

> 예  가 신문 기사의 제목을 보면 기사 내용이 컬러 텔레비전 방송과 관련된 것 같습니다.

**3** ㉢을 보면 신문 기사에서 전하고자 하는 내용을 확인할 수 있어요. **내용을 읽을 때는 언제, 어디서, 어떤 일이 일어났는지 살펴봐야 해요.**

> 고르자  • 1980년 12월 1일에 처음으로 컬러 텔레비전 방송이 시작되었습니다. ( ○ , ✕ )
> • 컬러 텔레비전 방송이 시작되기 전에는 방송을 흑백으로 보았습니다. ( ○ , ✕ )
> • 컬러 텔레비전 방송을 처음 본 사람들은 크게 놀라지 않았습니다. ( ○ , ✕ )

**4** 위에서 공부한 내용을 바탕으로  나 신문 기사도 살펴볼 수 있어요.

> 예  나 신문은 1985년 2월 23일에 찍어 낸 것입니다.

> 고르자  • 제목으로 신문 기사가 우리나라에서 ( 처음 , 마지막 )으로 문을 연 피자 패스트푸드 매장에 대해 다루고 있다는 것을 알 수 있습니다.
> • 우리나라의 첫 피자 패스트푸드 매장은 ( 1985년 2월 22일 , 1985년 2월 23일 )에 문을 열었습니다.

**5** 과거의 신문 기사로 당시 사람들의 생활 모습을 알 수 있어요.

> 예  가 신문 기사를 보면 과거에는 흑백으로 텔레비전 방송을 보았다는 것을 알 수 있습니다.

> 고르자

나 신문에서 아래 내용을 짐작할 수 있는 문장을 찾아 밑줄을 그어 보자.

오늘날과 다르게 과거에는 피자가 흔하지 않았습니다.

# 자료

## 자료 더 읽기

👀 다른 신문 기사를 읽어 보고 물음에 답해 보자.

---

○○신문        1973년 5월 5일

### 서울 어린이 대공원, 첫 손님을 맞이하다

오랜 공사를 끝마치고 오늘 서울 어린이 대공원이 문을 열었다. 서울 어린이 대공원은 잔디, 나무, 꽃 등으로 꾸며졌다. 특히 다양한 동물들을 볼 수 있는 곳이 인기가 많았다. 어린이들이 즐길 수 있는 놀이 시설도 있어 사람들의 관심을 끌고 있다. 서울 어린이 대공원은 공휴일인 어린이날에 문을 열어 많은 관람객이 이곳을 찾았다. 관람객 중에는 어린이와 함께 온 가족들이 많았다. 앞으로 서울 어린이 대공원이 어린이와 가족들의 휴식 공간이 될 것으로 기대된다.

▲ 서울 어린이 대공원 입장료: 어른(백 원), 어린이(오십 원)

---

**1** 신문 기사에 대한 설명으로 알맞은 말을 고르세요.

❶ ( 날짜 , 제목 )을/를 보면 기사 내용을 짐작할 수 있습니다.

❷ 기사 내용은 ( 과거 , 미래 )에 있었던 일을 다루고 있습니다.

❸ 신문 기사로 과거의 생활 모습을 알 수 ( 있습니다 , 없습니다 ).

**2** 신문 기사의 내용이 맞으면 ○, 틀리면 ✕ 표를 하세요.

❶ 서울 어린이 대공원은 1973년 어린이날에 문을 열었습니다. (　　　)

❷ 서울 어린이 대공원이 문을 열었을 때는 놀이 시설이 없었습니다. (　　　)

❸ 과거에는 가족끼리 서울 어린이 대공원에 놀러갔음을 알 수 있습니다. (　　　)

**3** 신문 기사에서 다음 내용을 알 수 있는 부분을 찾아 밑줄을 그어 보세요.

오늘날에는 서울 어린이 대공원 입장료가 무료인데, 옛날에는 입장료가 있었습니다.

# 26일

### 오래된 자료 독해

# 오래된 자료로 알 수 있는 과거의 모습

**앞에서 공부한 내용을 떠올리며 챗봇 대화를 완성해 보자!**

**1** 과거의 모습은 오래된 물건으로만 알 수 있어?

- ☐ 네, 과거의 모습은 오래된 물건으로만 알 수 있습니다.
- ☐ 아니요, 과거의 모습은 오래된 물건과 오래된 자료로도 알 수 있습니다.

오래된 자료에는 어떤 것이 있어?

오래된 자료에는 신문 기사가 있습니다.

**2** 다음은 내가 찾은 신문 기사의 한 부분인데, 이 내용으로 알 수 있는 모습은 무엇이야?
"1989년 5월 6일에 우리나라에서 처음으로 24시간 편의점이 문을 열었다. 편의점을 처음 찾은 사람들은 늦은 밤에도 물건을 살 수 있다는 점에 놀랐다."

과거에는 편의점이 흔하지 않았습니다. 그래서 ( 낮 , 밤 )에 물건을 사기 어려웠습니다.

# 교과서 내용 읽기

**1** 우리는 오래된 자료로 과거의 모습을 알 수 있습니다. 오래된 자료에는 일기, 노랫말, 신문 기사, 편지, 사진 등이 있습니다. 어른께서 들려주시는 과거의 이야기도 좋은 자료가 됩니다.

**2** 일기는 자신이 겪은 일을 기록하기 때문에 과거의 모습을 생생하게 알 수 있습니다. 그래서 내가 어릴 적에 쓴 일기뿐만 아니라 부모님이나 집안의 어른께서 쓰신 일기도 자료가 될 수 있습니다. 예를 들어 다음과 같이 어른이 쓰신 일기로 옛날의 학교생활을 알아볼 수 있습니다.

**가**

1975년 2월 15일

　오늘은 국민학교 졸업식을 하였다. 이제 나도 중학생이 된다. 나는 아침 일찍 교실에 도착해서 난로에 나무를 넣어 교실을 따뜻하게 하였다. 추운 날씨에 먼 곳에서 걸어오는 친구들이 많기 때문이다. 잠시 뒤 교실에 친구들이 모였다. 나는 우리 반 60명의 친구들을 기억하려고 친구들의 얼굴을 눈에 담았다. 졸업식이 끝난 뒤에는 졸업식 때 먹는 음식으로 유행하는 짜장면을 먹었다.

**3** 노랫말에도 과거의 모습이 나타납니다. 다음 노랫말처럼 옛날부터 사람들에게 전해 내려온 노랫말은 옛날의 모습을 이해하는 데 좋은 자료가 됩니다.

**나**

동 동 동대문을 열어라.
남 남 남대문을 열어라.
열두 시가 되면은 문이 닫힌다.

**4** 오래된 물건이나 자료를 살펴볼 때는 주의할 점이 있습니다. 먼저 오래된 물건이나 자료가 상하지 않도록 조심해서 다루어야 합니다. 물건을 보거나 만질 때, 일기나 사진 등을 볼 때, 사진을 찍을 때는 물건과 자료의 주인에게 허락을 받아야 합니다. 어른께 물건이나 자료에 대한 설명을 들을 때는 그 내용을 글로 적는 것이 좋습니다. 설명을 녹음할 때에는 어른께 허락을 받고 녹음을 해야 합니다.

**1** 이 글의 내용으로 알맞은 것을 <u>두 가지</u> 고르세요.　　　　[✎　　, 　　]

① 어른의 이야기는 오래된 자료가 아닙니다.

② 신문 기사는 자신이 겪은 일을 기록한 자료입니다.

③ 오래된 물건과 자료가 상하지 않도록 소중하게 다룹니다.

④ 주인에게 허락을 받고 오래된 물건이나 자료를 보아야 합니다.

⑤ 어른의 설명을 녹음할 때는 어른께 허락을 받지 않아도 됩니다.

<u>자료 읽기</u>

**2** 가 로 알 수 있는 과거의 모습으로 알맞지 <u>않은</u> 것은 무엇인가요?　　　　[✎　　]

① 옛날에는 초등학교를 국민학교라고 불렀습니다.

② 옛날에는 중학교 한 반의 학생이 60명 정도였습니다.

③ 옛날에는 난로를 사용해 교실을 따뜻하게 하였습니다.

④ 옛날에는 집에서 학교까지의 거리가 먼 경우가 많았습니다.

⑤ 옛날에는 졸업식이 끝난 뒤에 짜장면을 먹는 경우가 많았습니다.

<u>자료 활용</u>

**3** 가 자료와 관련한 사진으로 알맞은 것을 고르세요.

↑ 졸업식 모습(한국정책방송원)

↑ 소풍 모습(한국정책방송원)

<u>자료 읽기</u>

**4** 나 자료로 알 수 있는 과거의 모습으로 알맞은 내용을 보기 에서 골라 기호를 쓰세요.

[✎　　, 　　]

**보기**

㉠ 옛날에 동대문과 남대문이 있었습니다.

㉡ 옛날에는 열두 시에 대문을 열었습니다.

㉢ 옛날에는 일정한 시간이 되면 대문을 닫았습니다.

# 정리하기

✏️ 25, 26일차에서 공부한 내용을 정리하면 교과서 개념이 완성돼!

일기, 노랫말, 신문 기사, 편지, 사진 등과 같은 오래된 ❶ ☐☐ (으)로 과거의 모습을 알 수 있음.

## 오래된 물건과 자료를 살펴볼 때 주의할 점

• 오래된 물건과 자료가 상하지 않게 조심해서 다루어야 함.
• ❷ ( 주인 , 친구 )에게 허락을 받고 오래된 물건이나 자료를 살펴야 함.
• 어른께 여쭈어볼 때는 어른께서 설명한 내용을 글로 적고, 녹음을 할 때는 허락을 받아야 함.

내가 어릴 적에 쓴 일기가 오래된 자료가 된다는 것이 신기해.

오늘 쓴 일기가 미래에는 좋은 자료가 될거야.

# 27일

지역의 모습 **자료**

## 사진으로 비교하는 지역의 모습

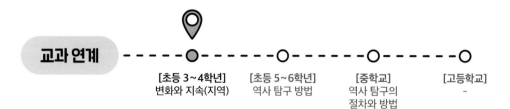

교과 연계

[초등 3~4학년]
변화와 지속(지역)

[초등 5~6학년]
역사 탐구 방법

[중학교]
역사 탐구의
절차와 방법

[고등학교]
-

### 교과서 속 어휘 알기

| 지명 | | |
|---|---|---|
| 땅 | 지 | 地 |
| 이름 | 명 | 名 |

마을이나 지역 등의 이름

예 행복동은 우리 마을의 지명이다.

| 증언 | | |
|---|---|---|
| 증거 | 증 | 證 |
| 말 | 언 | 言 |

어떤 사실이 진실인지 아닌지 밝힘.
또는 그런 말

예 그 사람의 증언은 믿을 수 있다.

# 교과서 **자료** 읽기

우리가 사는 지역의 모습은 과거와 비슷하기도 하고 다르기도 해.
과거와 오늘날의 사진을 비교하면 달라진 모습을 알 수 있어.
지역의 달라진 모습을 살펴보고 물음에 답해 보자.

**옛날**

가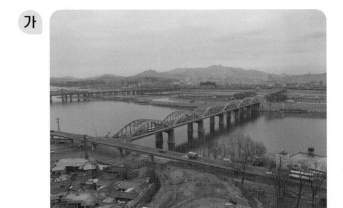

⬆ 1970년대 한강 주변 모습(서울 역사 박물관)

**오늘날**

나

⬆ 오늘날의 한강 주변 모습

**옛날**

다

⬆ 1970년대 한강 모래밭 모습(서울 역사 박물관)

**오늘날**

라

⬆ 오늘날의 한강 잔디밭 모습

**1** 가 ~ 라 는 한강 주변의 옛날과 오늘날의 모습을 보여 주는 사진이에요. 가 를 보면 1970년대에 한강을 가로지르는 다리와 그 **주변의 낮은 건물들**이 있는 모습을 확인할 수 있어요. 나 는 변화한 오늘날의 모습이에요. 다리는 그대로 있지만, **주변에 높은 건물**이 많이 생겼어요.

**고르자**
- 한강을 가로지르는 다리는 예전에는 있었지만, 오늘날에는 사라졌습니다. ( ○ , ✕ )
- 오늘날의 한강 주변에는 높은 건물이 많습니다. ( ○ , ✕ )

**2** 다 를 보면 예전에 한강 주변에 있었던 **모래밭**을 볼 수 있어요. 이때의 사람들은 **모래밭에서 휴식을 취하거나 한강에서 물놀이**를 하였어요. 라 는 오늘날의 한강 주변 모습이에요. 오늘날에는 모래밭 대신에 **잔디밭**이 생겼어요. 사람들은 **잔디밭에서 쉬거나 운동**을 해요.

**고르자**
- 과거의 사람들은 한강 주변의 ( 모래밭 , 잔디밭 )에서 놀았습니다.
- 한강 주변은 옛날과 오늘날 사람들 모두에게 ( 쉬는 , 일하는) 곳입니다.

**쓰자**

다음은 한강 주변의 달라진 점을 정리한 내용이야.
빈칸에 알맞은 말을 써 볼래?

| 예전의 모습 | | 오늘날의 모습 |
|---|---|---|
| • 건물이 낮았음.<br>• 모래밭이 있었음.<br>• 모래밭에서 쉬거나 물놀이를 함. | → | • 높은 건물이 많이 생김.<br>• 잔디밭이 생김.<br>• (　　　　)에서 쉬거나 운동을 함. |

**3** 사진과 함께 그 지역에 대해 알고 있는 사람의 증언으로도 지역의 예전 모습을 알 수 있어요.

**고르자**

저는 이곳을 자주 놀러갔어요. 모래밭에 누워 쉬기도 하고, 배를 타면서 물놀이도 즐겼지요.

증언에서 밑줄 친 '이곳'에 알맞은 사진을 골라 V 표를 해 볼까?

# 자료 더 읽기

다른 지역의 달라진 모습도 알고 싶어.
경기도 수원시의 옛날과 오늘날의 사진을 살펴보고 물음에 답해 보자.

↑ 옛날의 수원 팔달문 주변 모습(국립 중앙 박물관)

↑ 오늘날의 수원 팔달문 주변 모습

**1** 사진을 보고 알 수 있는 내용으로 알맞은 말을 고르세요.

❶ ( 옛날 , 오늘날 )에는 팔달문 주변에 낮은 건물이 있었습니다.

❷ ( 옛날 , 오늘날 )에는 팔달문 주변에 건물들이 많이 생겼습니다.

❸ ( 옛날 , 오늘날 )에는 팔달문 주변에 넓은 도로가 있고, 차가 많이 다닙니다.

**2** 다음은 사진을 비교한 내용입니다. 빈칸에 들어갈 알맞은 장소를 쓰세요.

시간이 지나면서 수원 팔달문 주변의 모습이 많이 바뀌었습니다. 하지만 (          )은/는 옛날과 오늘날 사진 모두에서 찾을 수 있습니다. 이것은 변하지 않고 그대로 이어져 내려오고 있습니다.

**3** 다음은 수원시에 대한 증언입니다. 증언에 알맞은 사진을 고르세요.

수원시에 공장과 회사가 생기면서 도로가 넓어지고 건물들이 많이 생겼어요.

# 28일

### 지역의 모습 독해

# 옛날과 오늘날의 지역의 모습

**앞에서 공부한 내용을 떠올리며 챗봇 대화를 완성해 보자!**

**1** 한강 주변의 모습은 지금과 예전이 같아?

☐ 네, 예전과 지금의 모습이 같습니다.
☐ 아니요, 예전과 지금의 모습이 다릅니다.

**2** 예전과 지금의 모습이 어떻게 달라?

옛날에 한강 주변에는 모래밭이 있었습니다. 오늘날에는 모래밭이 사라지고 (          )이/가 생겼습니다.

**3** 한강 주변의 옛날 모습이 궁금해. 사진으로 보여 줄래?

☐     ☐

# 교과서 내용 읽기

1 우리가 살고 있는 지역은 옛날과 비슷한 모습도 있고 시간이 흐르면서 달라진 모습도 있습니다. 옛날과 오늘날의 모습이 담긴 사진이나 영상을 살펴보면 지역의 달라진 모습을 확인할 수 있습니다. 다음 사진은 전라남도 광양시의 옛날과 오늘날의 사진입니다. 광양시는 바다와 맞닿아 있는 곳으로, 옛날에는 바닷가에서 김을 ◆채취하거나 고기를 잡았습니다. 그러나 ㉠오늘날의 사진을 보면, 그 모습이 많이 변하였습니다.

⬆ 옛날의 광양시 모습(『광양경제』)

⬆ 오늘날의 광양시 모습

2 지역에서 오래 살았거나 지역을 잘 아는 사람의 증언으로도 지역의 변화한 모습을 알 수 있습니다. 증언을 들으면 사진이나 영상으로 확인할 수 없는 과거 모습과 옛날 사람들의 생활, 지역의 달라진 점 등을 알 수 있습니다.

3 지역과 관련한 이야기로도 지역의 옛날 모습을 알 수 있습니다. 그중 지명에 얽힌 이야기에는 지역의 과거 모습을 이해할 수 있는 증거가 있습니다. 경기도 화성시에 있는 병점동은 옛날에 사람들이 많이 오가는 곳이었습니다. 특히 병점동을 지나 서울로 가거나 다른 지역으로 가는 사람들이 많았습니다. 그래서 이곳을 지나가는 사람들에게 떡을 파는 가게가 많이 생겼습니다. 그러자 사람들이 이 지역을 떡을 뜻하는 '병'과 가게를 뜻하는 '점'을 붙여서 '병점'이라고 부르게 된 것입니다.

◆ 채취하다 풀이나 나무 등을 찾아 베거나 캐거나 하여 얻어 내다.

**1** 이 글의 내용으로 알맞지 <u>않은</u> 것은 무엇인가요? [✎      ]

① 오늘날의 지역 모습은 옛날과 비슷한 점도 있습니다.

② 시간이 지나면서 지역의 모습이 옛날과 달라지기도 합니다.

③ 사진과 영상을 보며 지역의 달라진 점을 확인할 수 있습니다.

④ 증언으로 과거의 모습과 옛날 사람들의 모습을 알 수 있습니다.

⑤ 지명에 얽힌 이야기를 보면 지역의 미래 모습을 알 수 있습니다.

---

**자료 읽기**

**2** ㉠에 해당하는 내용으로 알맞은 것을 <u>두 가지</u> 고르세요. [✎      ,      ]

① 공장이 많이 생겼습니다.

② 높은 건물이 많아졌습니다.

③ 도로가 많이 사라졌습니다.

④ 김을 채취하는 곳이 생겼습니다.

⑤ 고기를 잡는 배들이 많아졌습니다.

---

**자료 활용**

**3** 다음은 광양시와 관련한 증언입니다. 제시된 사진에서 증언과 관련한 사진을 골라 V 표를 하세요.

광양시에 철을 만드는 제철소가 세워지면서 모습이 많이 변하였어요. 높은 건물이 세워지고 제철소에서 일을 하는 사람이 많아졌지요.

---

**4** 다음은 경기도 화성시 병점동에 대한 설명입니다. 빈칸에 들어갈 알맞은 말을 각각 쓰세요.

병점동의 ❶ (          )(으)로 옛날에 많은 사람이 이 지역을 오갔고, 사람들에게 ❷ (          )을/를 파는 가게가 많았다는 점을 알 수 있습니다.

# 정리하기

✎ 27, 28일차에서 공부한 내용을 정리하면 교과서 개념이 완성돼!

지역의 모습은 과거와 비슷할 수도 있고 ❶ ( 같을 , 다를 ) 수도 있음.

## 지역의 달라진 점이 나타나는 자료

· 지역의 과거와 오늘날의 모습을 담은 사진이나 영상

· 지역에서 오래 살았거나 지역을 잘 아는 사람의 ❷ ☐ ☐

· 지명 등과 같은 지역과 관련한 ❸ ( 그림 , 이야기 )

할머니께 우리 지역의 옛날 모습을 여쭈어보아야겠어!

좋은 생각이야. 지역의 사진도 찾아보면 도움이 될 거야.

# 29일

지역 조사하기 **자료**

## 계획서로 정리하는 조사 계획

**교과 연계**

| [초등 3~4학년] | [초등 5~6학년] | [중학교] | [고등학교] |
|---|---|---|---|
| 변화와 지속(지역) | 역사 탐구 방법 | 역사 탐구의 절차와 방법 | - |

### 교과서 속 어휘 알기

아빠! 방학 동안에 운동할 계획을 세우고 운동 계획서를 만들었어요.

멋지구나. 꾸준하게 운동하면 몸이 더 건강하게 변화할 거야.

| 계획서 | | |
|---|---|---|
| 헤아리다 | 계 | 計 |
| 계획하다 | 획 | 劃 |
| 글 | 서 | 書 |

**계획한 내용을 담은 문서**

⑩ 모둠 활동 계획서를 만들었다.

| 변화하다 | | |
|---|---|---|
| 변하다 | 변 | 變 |
| 되다 | 화 | 化 |

**사물의 성질, 모양, 상태 등이 바뀌어 달라지다.**

⑩ 겨울에는 날씨가 변화한다.

| 파악하다 | | |
|---|---|---|
| 잡다 | 파 | 把 |
| 쥐다 | 악 | 握 |

**어떤 대상의 내용을 확실하게 이해하여 알다.**

⑩ 책의 중요 내용을 파악하다.

# 교과서 **자료** 읽기

우리는 지역의 달라진 모습을 조사할 수 있어.
조사를 하려면 먼저 계획을 세우고, 그 내용을 계획서로 정리해야 해.
학생들이 쓴 조사 계획서를 살펴 보고 물음에 답해 보자.

## 지역의 달라진 모습 조사 계획서

| ㄱ 조사 주제 | 울산의 달라진 모습 |
|---|---|
| ㄴ 조사 방법 | • 인터넷으로 사진이나 영상 찾아보기<br>• 도서관에서 책 찾아보기<br>• 부모님과 할아버지께 여쭈어보기<br>• 울산 박물관에 방문하기 |
| ㄷ 조사 내용 | ☐ 오늘날의 울산은 어떤 모습일까?<br>☐ 옛날의 울산의 모습은 어떠하였을까?<br>☐ 울산 바닷가의 모습은 어떻게 달라졌을까?<br>☐ 옛날에는 없었는데 오늘날 새로 생긴 것은 무엇일까?<br>☐ 옛날부터 오늘날까지 그대로 내려온 것은 무엇일까? |
| ㄹ 주의할 점 | • 인터넷 주소나 책 제목 등 자료의 출처 적기<br>• 지역의 모습이 잘 나타난 사진 인쇄하기<br>• 어른께 공손하게 여쭙고 증언을 잘 듣기<br>• (          )에 갈 때 (          )과/와 함께 가기 |

**1** 제시된 자료는 지역의 달라진 모습을 조사하기 위하여 쓴 **조사 계획서예요.** ㉠ 조사 활동의 주제예요. **주제는 그 내용을 보고 조사할 것을 명확히 알 수 있도록** 정해야 해요.

> 고르자 이 조사 계획서의 조사 주제는 울산의 ( 달라진 , 달라지지 않은) 모습을 알아보는 것입니다.

**2** ㉡ 조사를 할 때 **어떤 방법으로 조사를 할지 정해요.** 조사 방법으로는 인터넷 검색하기, 책 찾아보기, 어른께 여쭈어보기, 박물관 방문하기 등이 있어요. 조사 방법이 여러 가지여도 괜찮아요.

**3** ㉢ 조사할 내용을 정해요. 조사를 할 때 지역의 달라진 모습을 모두 조사할 수 없어요. 따라서 알맞은 조사 내용을 몇 가지 정해야 해요. 이때, **조사 주제에서 벗어나는 내용이 되지 않도록 해야 해요.** 조사 내용을 잘 정하면, 조사 시간을 줄일 수 있고 더 알맞은 내용을 찾을 수 있어요.

> 고르자 '울산에서 놀러 가고 싶은 곳은 어디일까?'는 조사 내용에 알맞습니다. ( ○ , × )

다음은 울산에 대해 조사한 내용이야.
이 내용에 알맞은 조사 내용을 계획서에서 골라 V 표를 해 보자.

울산에는 옛날에 왜적을 막으려고 쌓은 '관문성'이 있습니다. '관문성'은 옛날부터 오늘날까지 그대로 남아 있습니다.

**4** ㉣ 조사할 때 조심해야 할 점과 확인이 필요한 점 등을 정해요.

> 쓰자

박물관에 어린이들만 가면 위험해.
박물관에 갈 때는 어른과 함께 가야 해.

친구의 말을 보고
계획서의 빈칸에 알맞은
말을 써 볼래?

# 자료

## 자료 더 읽기

조사 계획서를 쓴 뒤에는 알맞은 조사 방법으로 조사 활동을 해야 해.
조사 방법을 자세히 알아보고 물음에 답해 보자.

**가**

### 인터넷 이용하기

지역을 소개하는 지역 누리집에 들어가서 지역에 대한 정보를 찾습니다.
☐ 인터넷을 이용할 때는 조사 내용에 알맞은 사진을 골라 저장할 수 있습니다.

**나**

### 도서관에서 책 찾아보기

도서관에서 우리 지역에 대해 알 수 있는 책을 찾습니다. 책을 볼 때는 책의 차례를 보고 알고 싶은 내용을 찾을 수 있습니다. ☐ 책에서 본 중요한 내용과 책의 제목을 종이에 따로 적어 둡니다.

**다**

### 어른께 여쭈어보기

지역에 대해 잘 아는 어른께 여쭈어봅니다. 어른의 증언으로 지역에서 전해 내려오는 이야기를 들을 수 있습니다. 여쭈어볼 내용을 공손하게 질문하고, ☐ 어른께 들은 내용을 적어도 좋습니다.

**1** 다음 특징에 알맞은 조사 방법의 기호를 고르세요.

❶ 전해 내려오는 지역의 이야기를 들을 수 있습니다. ( 가 , 나 , 다 )

❷ 책의 차례에서 알고 싶은 내용을 찾아볼 수 있습니다. ( 가 , 나 , 다 )

❸ 지역을 소개하는 누리집에서 지역에 대한 정보를 찾을 수 있습니다. ( 가 , 나 , 다 )

**2** 다음 학생의 말을 보고, 학생이 하지 않은 행동을 위에서 골라 V 표를 하세요.

저는 우리 지역의 모습을 조사하는 활동을 하려고 도서관에 갔어요. 도서관에는 우리 지역과 관련한 책들이 많았어요. 여러 책을 재미있게 읽다보니 나중에는 어느 책에서 어떤 내용이 나왔는지 알 수 없었어요. 결국 읽었던 책을 다시 찾아야 해서 조사 시간이 오래 걸렸어요.

# 30일

지역 조사하기 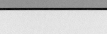 독해

## 지역의 달라진 모습 조사하기

**앞에서 공부한 내용을 떠올리며 챗봇 대화를 완성해 보자!**

> 1 사회 수업 시간에 우리 지역의 달라진 모습을 조사하기로 하였어. 무엇부터 하면 좋을까?

조사 계획을 세우고 조사 (　　　　)을/를 씁니다.

> 2 조사 계획서에 들어가면 좋을 내용을 알려 줄래?

( 조사 주제 , 조사해서 알게 된 내용 ), 조사 방법, 조사 내용,
주의할 점 등을 씁니다.

> 3 나는 우리 지역에서 말로 전해 내려오는 이야기를 생생하게
> 듣고 싶어. 어떤 방법으로 조사하면 좋을까?

( 인터넷 이용하기 , 어른께 여쭈어보기 )로 조사하는
방법이 알맞습니다.

# 교과서 내용 읽기

**1** 조사 활동으로 지역의 달라진 모습을 알 수 있습니다. 지역의 달라진 점을 조사할 때는 먼저 조사 계획을 세우고 그 내용을 조사 계획서로 정리합니다. 이때, 계획한 내용을 조사 주제, 조사 방법, 조사 내용, 주의할 점 등으로 구분하여 정리할 수 있습니다.

**2** 조사 계획을 세운 뒤에는 알맞은 방법으로 조사를 합니다. 조사 방법으로 인터넷을 이용할 수 있습니다. 지역과 관련한 누리집에 들어가면 지명에 얽힌 이야기나 지역이 변화해 온 모습 등을 알 수 있습니다. 지역의 모습을 담은 사진을 찾아 저장할 수도 있습니다.

**3** 도서관에서 우리 지역과 관련한 책을 찾아볼 수도 있습니다. 우리 지역과 관련한 책을 찾기 어렵다면, 도서관에 계신 선생님께 자료를 찾아달라고 할 수 있습니다. 지역에 사시는 어른께 지역의 이야기를 여쭈어보는 방법도 있습니다. 어른께 여쭈어보면 인터넷이나 책에서 찾을 수 없었던 지역의 이야기를 들을 수 있습니다.

**4** 조사를 마친 뒤에는 조사하며 알게 된 점을 정리합니다. 다음 예시처럼 옛날부터 오늘날까지 이어져 내려온 모습과 사라지거나 새롭게 생긴 모습을 정리할 수 있습니다. 정리한 내용을 보면서 지역 사람들의 생활 모습이 어떻게 변화하였는지 파악합니다. 이러한 과정으로 내가 사는 지역을 더 잘 이해할 수 있습니다.

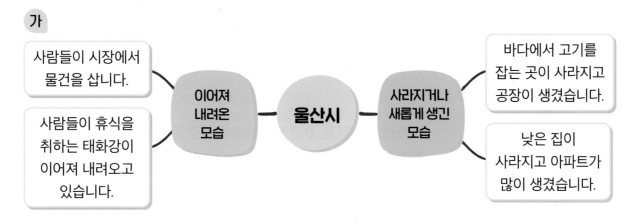

**가**

사람들이 시장에서 물건을 삽니다.

사람들이 휴식을 취하는 태화강이 이어져 내려오고 있습니다.

이어져 내려온 모습

울산시

사라지거나 새롭게 생긴 모습

바다에서 고기를 잡는 곳이 사라지고 공장이 생겼습니다.

낮은 집이 사라지고 아파트가 많이 생겼습니다.

**1** 다음은 지역의 달라진 모습을 조사하는 과정입니다. 순서에 맞게 기호를 쓰세요.

[✎     -     -     -     ]

┌─────────────────────────────────────────────────────────┐
│ ㉠ 알맞은 방법으로 조사하기        ㉡ 사람들의 생활 모습 파악하기 │
│ ㉢ 조사하며 알게 된 점 정리하기    ㉣ 조사 계획을 세우고 조사 계획서 만들기 │
└─────────────────────────────────────────────────────────┘

**2** 다음 조사 방법에 알맞은 설명을 선으로 연결하세요.

❶ 인터넷 검색하기          •          • ㉠ 지역 누리집에서 자료를 찾을 수 있음.

❷ 어른께 여쭈어보기        •          • ㉡ 선생님께 지역과 관련한 자료를 찾아달라고 할 수 있음.

❸ 도서관에서 책 찾아보기   •          • ㉢ 인터넷 검색이나 책으로 알 수 없는 이야기를 들을 수 있음.

**3** 다음 학생에게 추천할 수 있는 조사 방법을 고르세요.

나는 우리 지역의 모습을 담은 다양한 사진을 찾아서 저장하고 싶어요.

☐ 인터넷 검색하기
☐ 어른께 여쭈어보기
☐ 도서관에서 책 찾아보기

자료 읽기

**4** 가 로 알 수 있는 울산의 생활 모습으로 알맞은 것을 고르세요.

☐ 옛날 사람들은 주로 아파트에서 살았습니다.
☐ 오늘날의 사람들은 시장을 이용하지 않습니다.
☐ 옛날 사람들은 주로 바다에서 고기 잡는 일을 하였습니다.
☐ 오늘날에는 공장이 사라지고 그 자리에 아파트가 생겼습니다.

# 정리하기

✎ 29, 30일차에서 공부한 내용을 정리하면 교과서 개념이 완성돼!

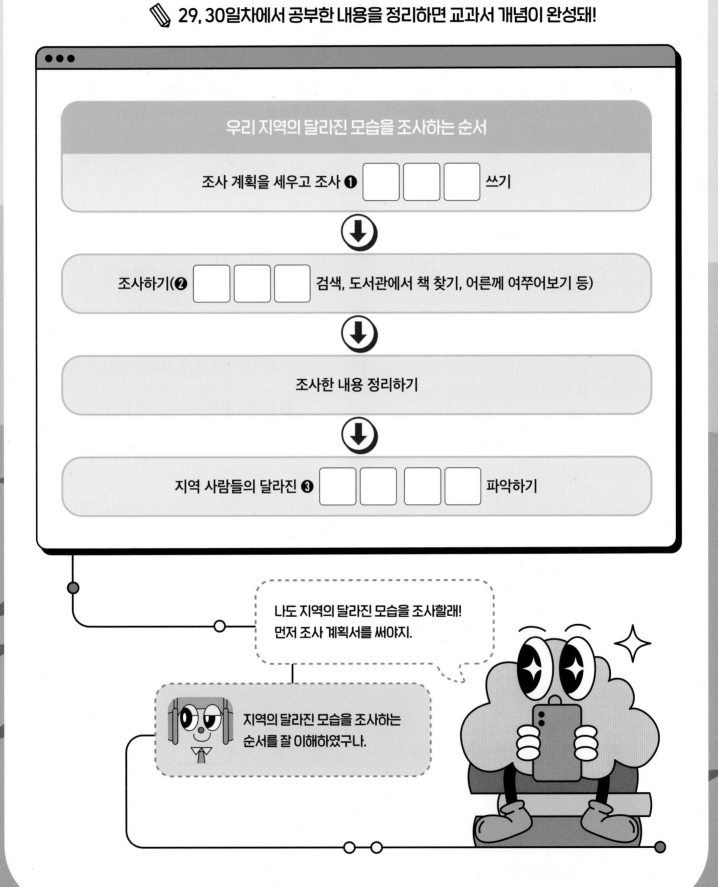

우리 지역의 달라진 모습을 조사하는 순서

조사 계획을 세우고 조사 ❶ ☐☐☐ 쓰기

⬇

조사하기(❷ ☐☐☐ 검색, 도서관에서 책 찾기, 어른께 여쭈어보기 등)

⬇

조사한 내용 정리하기

⬇

지역 사람들의 달라진 ❸ ☐☐☐☐ 파악하기

나도 지역의 달라진 모습을 조사할래!
먼저 조사 계획서를 써야지.

지역의 달라진 모습을 조사하는
순서를 잘 이해하였구나.

# 도전! 어휘 퀴즈

섬을 모험하며
알게 된 어휘로
퀴즈를
풀어 보자!

## 가로 퀴즈

**가로①** 무엇이 사실인지 알 수 있는 이유

**가로②** 마을이나 지역 등의 이름

**가로③** 연구나 조사의 바탕이 되는 재료
예 일기는 오래된 ○○이다.

**가로④** 사물의 성질, 모양, 상태 등이 바뀌어 달라지다.
예 시간에 따라 지역의 모습이 ○○○○.

## 세로 퀴즈

**세로①** 어떤 사실이 진실인지 아닌지 밝힘.
또는 그런 말

**세로②** 일정한 모양을 갖춘 모든 것
예 요강은 오래된 ○○이다.

**세로③** 계획한 내용을 담은 문서

**세로④** 옛날부터 전하여져 내려오다.

## 스스로 평가해요! 자신 있는 만큼 색칠해서 나의 공부력을 확인해 보세요.

오래된 자료를 보고 과거의 모습을
친구에게 설명할 수 있나요?

사진을 보고 지역의 달라진 모습을
비교할 수 있나요?

조사 순서에 따라 지역의 모습을
조사할 수 있나요?

내 마음대로 낙서장

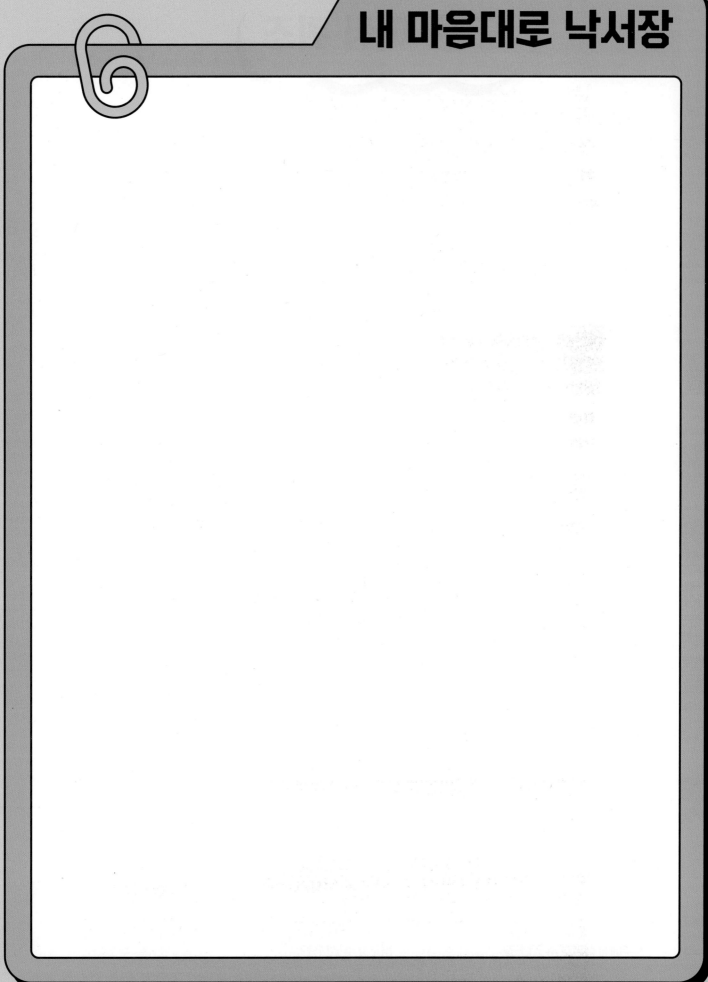

내 마음대로 낙서장

점프로 이끄는 힘

# 완자 공부력

3-1

교과서
문해력 | **사회 교과서 자료 독해**

# 정답과 해설

정답과 해설
QR코드

visang

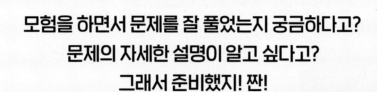

모험을 하면서 문제를 잘 풀었는지 궁금하다고?
문제의 자세한 설명이 알고 싶다고?
그래서 준비했지! 짠!

**정답과 해설**이 너의 길잡이가 되어 줄 거야!

# 교과서 문해력 사회 교과서 자료 독해 3-1

| 교과서 자료 읽기 본문 13쪽 | 1 바다 <br> 2 도서관 <br><br> 3 ☑ 학교 운동장에서 달리기를 하였습니다. <br> 4  | 1 자연에는 산, 강, 바다, 하천, 들, 계곡 등이 있어요. <br> 2 건물이나 기관에는 학교, 문구점, 도서관, 병원, 마트, 편의점, 경찰서 등이 있어요. <br> 3 경험은 자신이 직접 겪은 일이에요. '학교에 가면 재미있을 것 같습니다.'는 학교에 대한 자기 생각을 표현한 것이에요. <br> 4 제시한 내용을 경험할 수 있는 곳은 산이에요. |
|---|---|---|

| 자료 더 읽기 본문 14쪽 | 1 ❶× ❷○ ❸× <br><br> 2  | 1 ❶ 자연도 장소에 속해요. ❸ 경험은 내가 직접 해 보거나 겪은 일로, 바다에 가 보지 않고 경험을 말할 수 없어요. <br> 2 ㉠을 경험할 수 있는 곳은 바다이고, ㉡을 경험할 수 있는 곳은 공원이에요. |
|---|---|---|

| 복습하기 본문 15쪽 | 1 ☑ 우리가 생활하는 곳입니다. 2 ☑  3 아니요, 사람이 만든 것 |
|---|---|

| 교과서 내용 읽기 본문 16~17쪽 | **1** 장소는 우리가 생활하는 곳을 말합니다. 우리 주변에는 다양한 장소가 있습니다. 장소에는 산, 강, 바다와 같은 자연이 있고, 학교, 도서관, 마트, 시장처럼 사람이 만든 건물이나 기관이 있습니다. <br><br> ···› 우리가 생활하는 장소에는 자연도 있고, 건물이나 기관도 있어요. <br><br> **2** 우리는 여러 장소에서 다양한 일을 경험합니다. 예를 들어 학교에서 친구들과 함께 생활하며 새로운 것을 배웁니다. 학원에서는 내가 더 알고 싶거나 관심을 가지고 있는 것을 익힙니다. 병원에서는 아픈 몸을 치료하고 더 건강해집니다. <br><br> ···› 주변에 있는 학교, 학원, 병원 등의 장소에서 다양한 일을 경험해요. |
|---|---|

내용을 이해한 정도만큼
나를 색칠해 봐!

쉬워.
사회 교과서를 완벽하게
이해할 수 있어.

조금 어려워.
틀린 문제를
다시 풀어 볼래!

많이 어려워.
교재를 다시
차근차근 공부할래!

**3** 마트나 시장에서 먹고 싶었던 과자나 과일을 사고, 문구점에서는 수업에 필요한 학용품을 사기도 합니다. 놀이터에서 친구들과 신나게 뛰어 놀거나 공원에서 산책하기도 합니다. 가족들과 산이나 바다에 놀러 가 자연을 느끼며 쉴 때도 있습니다.

**가**

⬆ 마트

**나**

⬆ 산

┄⟶ 주변에 있는 마트, 시장, 문구점, 놀이터, 공원, 산, 바다 등의 장소에서 다양한 일을 경험해요.

**4** 이처럼 우리는 주변에 있는 여러 장소에서 가족, 친구, 이웃 등과 함께 다양한 경험을 하며 살아갑니다.

┄⟶ 우리는 여러 장소에서 다양한 경험을 해요.

| | |
|---|---|
| **1** ☑ 장소 | **1** 장소는 우리가 생활하는 곳으로, 우리 주변에는 다양한 장소가 있어요. |
| **2** ④ | **2** ④ 수업에 필요한 학용품을 살 수 있는 곳은 문구점이에요. 공원에서는 친구나 가족과 함께 산책할 수 있어요. |
| **3** ② | **3** ①, ⑤ 마트는 사람이 만든 건물이고, 산은 자연이에요. ③ 산에서는 주로 휴식을 취해요. 내가 더 알고 싶거나 관심을 가지고 있는 것을 배우는 곳은 학원이에요. ④ 마트와 산은 모두 우리 주변에서 볼 수 있는 장소예요. |
| **4** 윤서 | **4** 윤서는 장소인 공원에서 가족과 함께 놀았다는 경험을 이야기하고 있어요. 준현이는 장소인 도서관을 이야기하였지만 자신이 실제로 해 본 것이 아니라 바람을 이야기하고 있어요. |

**❶** 장소 **❷** 자연 **❸** 경험 **❹** 마트

**정리하기**
**본문 18쪽**

**교과서 자료 읽기**
본문 21쪽

1 초록 시장, 우리 문구점, 행복산

2 · 다를  · 다르게  · 이름

3 ○

4 · 시장  · 약국

1 준수와 연아가 모두 그린 장소는 행복 초등학교, 초록 시장, 우리 문구점, 행복산이에요.

2 심상지도를 그릴 때는 다른 사람이 표현한 장소가 어디인지 알 수 있도록 장소를 그린 뒤에 이름을 써야 해요.

3 심상지도에는 장소에 대한 생각이 드러나요. 연아는 도로와 강을 그렸지만, 준수는 건물만 그렸어요.

4 두 심상지도에 모두 표현된 장소는 시장이에요. 준수의 심상지도에는 약국이 있지만, 연아의 심상지도에는 약국이 없어요. 캠핑장은 연아의 심상지도에만 있어요.

**자료 더 읽기**
본문 22쪽

1 ❶ ○  ❷ ×

2 ❶ 진영이의 집
  ❷ 피아노 학원

3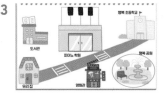

1 ❷ 우리 주변의 모든 장소를 심상지도에 그리지 않아도 괜찮아요.

2 ❶ 제시된 심상지도는 학교에서 진영이의 집까지 가는 길에 있는 장소를 표현하였어요. ❷ 심상지도에서 다른 장소보다 피아노 학원을 크게 그렸어요.

3 심상지도에는 장소에 대한 생각과 경험이 드러나요. 제시된 경험을 할 수 있는 곳은 '행복 공원'이에요.

**복습하기**
본문 23쪽

1 ☑ 사람의 머릿속에 있는 장소에 대한 정보나 생각을 그림으로 표현한 지도입니다.  2 ☑ 아니요. 사람마다 장소에 대한 생각이나 장소에서의 경험이 다르기 때문에 같은 장소라도 다르게 표현할 수 있습니다.

**교과서 내용 읽기**
본문 24~25쪽

1 우리는 여러 장소에서 다양한 경험을 합니다. 놀이터에서 친구들과 재미있게 놀기도 하고, 시장에 가서 구경을 하며 맛있는 음식을 먹기도 합니다. 이렇게 주변 장소에서 경험한 일과 느낀 점을 그림, 글, 동시, 심상지도 등의 여러 방법으로 표현할 수 있습니다. ⟶ 장소에서의 경험과 장소에 대한 생각을 여러 방법으로 표현할 수 있어요.

2 심상지도는 사람의 머릿속에 있는 장소에 대한 정보나 생각을 그림으로 표현한 지도입니다. 심상지도의 의미 심상지도에는 실제로 있는 장소를 그립니다. 이때, 주변에 있는 모든 장소를 그리지 않아도 됩니다. 심상지도를 그릴 때 주의할 점 심상지도를 그릴 때는 먼저 그리고 싶은 장소와 그곳에서 경험한 일, 느낀 점 등을 떠올리고, 떠올린 장소의 모습을 자유롭게 표현합니다. 좋아하는 장소나 자신에게 중요한 장소는 더 크게 그릴 수도 있습니다. 장소들을 그린 다음에는 그 장소가 어디인지 알 수 있도록 장소의 이름을 쓰는 것도 잊지 않습니다. ⟶ 심상지도는 머릿속에 있는 장소에 대한 정보와 생각을 자유롭게 표현한 지도에요.

내용을 이해한 정도만큼
나를 색칠해 봐!

쉬워.
사회 교과서를 완벽하게
이해할 수 있어.
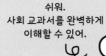

조금 어려워.
틀린 문제를
다시 풀어 볼래!

많이 어려워.
교재를 다시
차근차근 공부할래!

**3** 심상지도에는 장소에 대한 개인적인 경험, 생각, 느낌이 드러납니다. 그래서 심상지도 속 장소의 모습은 실제 장소의 모습과 다를 수 있습니다. 또한 사람마다 경험과 느낌이 다르기 때문에 다음 심상지도처럼 같은 장소라도 그리는 사람에 따라 다르게 표현할 수도 있습니다.

**가**

행복 공원    우리 집    도서관
행복 초등학교    병원

**나**

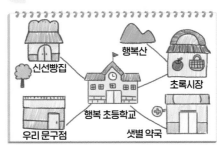

신선빵집    행복산
초록시장
우리 문구점    행복 초등학교    샛별 약국

┈▶ 심상지도에서 표현한 장소는 실제와 다를 수 있고, 같은 장소라도 그리는 사람에 따라 표현이 다를 수 있어요.

**4** 심상지도를 보면, 심상지도를 그린 사람이 장소에 대해 어떤 생각과 느낌을 가지고 있는지 알 수 있습니다. 따라서 내가 그린 심상지도뿐만 아니라 다른 사람이 그린 심상지도를 함께 살펴볼 필요가 있습니다.

| | |
|---|---|
| 1 ☑ 상상 | 1 장소에서의 경험과 장소에 대한 생각은 글, 그림, 동시, 심상지도 등의 방법으로 표현할 수 있어요. |
| 2 ④ | 2 ①, ② 심상지도는 머릿속에 있는 장소에 대한 정보와 생각을 그림으로 표현한 지도로, 모든 장소를 그리지 않아도 괜찮아요. 장소를 그린 다음에는 장소의 이름을 써요. ③ 심상지도를 보면 장소에 대한 그린 사람의 생각을 알 수 있어요. ⑤ 심상지도는 장소의 모습을 실제와 똑같이 그리지 않아도 괜찮아요. |
| 3 ❶ 건물 ❷ 초등학교 ❸ 공원 ❹ 초등학교 | 3 가와 나는 모두 건물을 중심으로 장소를 그렸고, 두 심상지도에 모두 표현된 장소는 초등학교예요. 공원은 가에만 있고, 나는 초등학교를 중심으로 각 장소들을 연결하여 표현하였어요. |
| 4 해준 | 4 준수 - 심상지도에는 모든 장소를 표현하지 않아도 괜찮아요. 다운 - 심상지도로 장소에 대한 생각과 경험을 알 수 있어요. |

❶ 심상지도 ❷ 장소 ❸ 이름 ❹ 다를

**정리하기**
본문 26쪽

## 교과서 자료 읽기
본문 29쪽

1 경험

2 ·친구 ·다투고

3 ☑

놀이터에서 친구들과 싸워서 속이 상했겠어. 너에게 놀이터는 불편한 장소일 수도 있겠구나.

1 장소에서 겪은 경험에 따라서 장소를 다르게 표현할 수 있어요.

2 가와 나 모두 놀이터에서 친구들과 있었던 일을 그렸어요. 가는 친구와 즐겁게 노는 모습을, 나는 친구와 다툰 모습을 표현하였어요.

3 나는 놀이터에서 친구와 다툰 경험을 표현하였어요. 장소에 대한 생각과 느낌은 서로 다를 수 있으므로 다른 사람의 생각을 존중해야 해요.

## 자료 더 읽기
본문 30쪽

1 ❶ ○ ❷ × ❸ ×

2 ❶ 즐거웠던 ❷ 다쳤던
 ❸ 존중해야

3

1 ❷ 두 그림을 보고 두 학생이 도서관에서 겪은 일을 알 수 있어요. ❸ 두 그림은 도서관에서 겪은 서로 다른 경험을 표현하고 있어요.

2 ❶, ❷ 가는 도서관에서 즐겁게 책을 읽은 경험을, 나는 도서관에서 다쳤던 경험을 표현하였어요. ❸ 장소에 대한 다른 사람의 생각을 존중해야 해요.

3 제시된 내용은 도서관에서 다쳤던 경험을 표현한 학생에게 해줄 수 있는 말이에요.

## 복습하기
본문 31쪽

1 ☑ 아니요, 같은 장소라도 사람마다 다른 경험을 합니다. 2 다를, 존중

## 교과서 내용 읽기
본문 32~33쪽

1 주변의 장소를 표현할 때는 <u>장소에서의 경험</u>, 장소에 대한 생각과 느낌이 드러
장소에서의 경험이 서로 다를 수 있음.
납니다. 다음 그림들은 같은 곳에 사는 학생들이 주변 장소를 표현한 것입니다.

**행복 초등학교 3학년 2반 이지호**

그림 소개
 저는 제가 가장 좋아하는 장소를 그렸습니다. 저는 수업이 끝난 뒤에 친구들과 놀이터에서 노는 것을 가장 좋아합니다.

**행복 초등학교 3학년 2반 서연우**

그림 소개
 저는 최근에 갔던 장소를 그렸습니다. 토요일에 도서관에 갔는데, 책을 빌리고 나오는 길에 넘어져 다쳤습니다.

내용을 이해한 정도만큼
나를 색칠해 봐!

쉬워.
사회 교과서를 완벽하게
이해할 수 있어.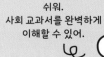

조금 어려워.
틀린 문제를
다시 풀어 볼래!

많이 어려워.
교재를 다시
차근차근 공부할래!

### 행복 초등학교 3학년 2반 반시우

**심상지도 소개**
저는 집에서 학교까지 가는 길에 있는 장소들을 그렸습니다. 저는 이 장소들 중에서 빵집이 가장 좋습니다. 빵집에서 맛있는 빵을 살 수 있기 때문입니다.

### 행복 초등학교 3학년 2반 송하연

**심상지도 소개**
그림에 있는 장소들은 제가 좋아하는 곳입니다. 장소들 중에는 우리 집에서 가까운 곳도 있고 먼 곳도 있는데, 캠핑장이 우리 집에서 가장 멀리 있습니다.

⋯→ 장소를 표현할 때는 장소에서의 경험, 장소에 대한 생각과 느낌이 드러나요.

**2** 사람마다 장소에서의 경험과 느낌이 다를 수 있기 때문에 장소에 대한 생각과
<sub>장소에 대한 생각과 관심이 다른 까닭</sub>
관심도 다를 수 있습니다. 장소에 대한 서로 다른 생각을 이해하고 존중해야 합니다.

⋯→ 장소에 대한 서로 다른 생각을 이해하고 존중하는 자세가 필요해요.

---

| | |
|---|---|
| 1 ⑤ | 1 지호의 그림에는 놀이터에서 친구들과 놀았던 경험이, 연우의 그림에는 도서관에서 넘어졌던 경험이 드러나 있어요. |
| 2 ③, ⑤ | 2 ① 시우와 하연이가 그린 그림은 모두 심상지도예요. ② 시우는 가장 좋아하는 장소인 빵집을 다른 장소보다 크게 그렸어요. ④ 시우와 하연이가 장소를 표현한 모습은 서로 달라요. |
| 3 ❶ 물건 ❷ 존중하는 | 4 같은 장소라도 사람마다 경험이 다르기 때문에 장소에 대한 생각이 다를 수 있어요. 자신과 생각이 다르다고 틀린 것이 아니며, 다른 생각을 존중해야 해요. |

---

❶ 다를 ❷ 다를 ❸ 존중

**정리하기**
본문 34쪽

---

| 가로① 존중하다 | 세로① 장소 |
|---|---|
| 가로② 주변 | 세로② 생활 |
| 가로③ 비교하다 | 세로③ 표현하다 |
| 가로④ 심상지도 | 세로④ 도서관 |

**도전!
어휘 퀴즈**
본문 35쪽

**교과서
자료 읽기**

본문 41쪽

1 ×

2 • 경찰서, 소방서
• 미술관(도서관), 도서관(미술관)

3 약국

4

1 우리가 사는 곳에는 사람들에게 편리함과 도움을 주는 장소들이 많아요.

2 가 의 장소들 중에서 안전한 생활을 돕는 장소는 경찰서와 소방서가 있어요. 학교, 도서관, 미술관에서는 주로 교육을 받거나 문화생활을 즐겨요.

3 약국은 아픈 사람에게 필요한 약을 팔아서 건강에 도움을 주는 장소예요.

4 백화점에서 물건을 사는 경험을 하였다면 백화점은 필요한 물건을 사는 장소가 되고, 백화점에서 공연을 본 경험을 하였다면 백화점은 문화생활을 즐기는 장소가 될 수 있어요.

**자료
더 읽기**

본문 42쪽

1 ❶ × ❷ ○

2 ☑ 다른 곳으로 이동할 때 이용하는 장소

3 ☑

1 ❶ 공항은 비행기를 타고 다른 곳으로 이동할 때 가는 장소예요.

2 가 와 나 는 모두 다른 곳으로 이동할 때 이용하는 장소예요.

3 공항과 기차역은 다른 곳으로 이동할 때 도움을 주는 장소예요. 백화점과 버스 터미널 중에 이동할 때 도움을 주는 곳은 버스 터미널이에요. 백화점은 주로 필요한 물건을 사러 가는 곳이에요.

**복습하기**

본문 43쪽

1 ☑ 시장  ☑ 편의점   2 ☑ 경찰서  ☑ 소방서   3 도움

**교과서
내용 읽기**

본문
44~45쪽

1 우리가 사는 곳에는 사람들의 생활에 편리함과 도움을 주는 다양한 장소들이 있습니다. 놀거나 여가를 즐길 때 이용하는 장소에는 공원, 체육관 등이 있습니다. 공원에서는 산책을 하거나 자전거를 타며 즐거운 시간을 보낼 수 있습니다. 체육관
놀거나 여가를 즐기는 장소 ①                                                           놀거나 여가를 즐기는 장소 ②
에서는 다양한 운동을 하며 여가를 보낼 수 있습니다.

┈→ 공원, 체육관 등은 놀거나 여가를 즐길 때 이용하는 장소예요.

2 사람들이 안전하게 생활하는 것을 돕는 장소도 있습니다. 경찰서는 범죄를 예
안전한 생활을 돕는 장소 ①
방하고 교통질서를 유지하도록 도와주는 장소입니다. 불을 끄고 응급 환자를 구조하는 소방서도 안전한 생활을 돕습니다.
안전한 생활을 돕는 장소 ②

┈→ 경찰서와 소방서는 사람들이 안전한 생활을 할 수 있도록 돕는 장소예요.

내용을 이해한 정도만큼
나를 색칠해 봐!

쉬워.
사회 교과서를 완벽하게
이해할 수 있어.

조금 어려워.
틀린 문제를
다시 풀어 볼래!

많이 어려워.
교재를 다시
차근차근 공부할래!

**3** 교육이나 문화생활과 관련된 장소도 있습니다. 학교, 학원 등에서는 새로운 것을 배울 수 있고 박물관, 영화관 등에서는 문화생활을 즐길 수 있습니다. 한편, 사람
<sub>교육을 받는 장소들</sub>
<sub>문화생활을 즐기는 장소로 다양한 교육 프로그램을 제공하기도 함.</sub>
들이 건강하게 생활할 수 있도록 도와주는 장소도 있습니다. 약국에서는 아픈 사람
<sub>건강한 생활을 돕는 장소 ①</sub>
들에게 필요한 약을 팔고, 병원에서는 아픈 곳을 치료합니다.
<sub>건강한 생활을 돕는 장소 ②</sub>　→ 학교, 학원, 박물관, 영화관에서는 교육을 받고 문화생활을 즐겨요.
　　　　　　　　　　　　　　약국과 병원은 아픈 사람에게 도움을 주는 장소예요.

**4** 그 밖에도 다른 곳으로 이동할 때 이용하는 장소나 생활에 필요한 물건을 살 때 이용하는 장소도 있습니다. 버스 터미널, 기차역, 공항 등은 다른 곳으로 이동할
<sub>다른 곳으로 이동할 때 이용하는 장소들</sub>
때 이용하는 장소이고 시장, 대형 할인점, 백화점 등은 필요한 물건을 살 수 있는 장
<sub>필요한 물건을 살 수 있는 장소들</sub>
소입니다.
　　　→ 다른 곳으로 이동할 때 버스 터미널, 기차역, 공항을 이용해요.
　　　시장, 대형 할인점, 백화점 등에서는 필요한 물건을 살 수 있어요.

---

1 ❶ 도움 ❷ 장소

2 ❶ 체육관
　❷ 소방서
　❸ 학교
　❹ 약국
　❺ 기차역
　❻ 시장

1 우리가 사는 곳에는 사람들의 생활에 편리함과 도움을 주는 다양한 장소가 있어요.

2 우리 주변에서 볼 수 있는 장소를 목적에 따라 놀이·여가, 안전, 교육, 문화생활, 건강에 도움을 주는 장소 등으로 구분하여 정리할 수 있어요.

---

❶ 장소 ❷ 경찰서 ❸ 도서관 ❹ 보건소

**정리하기**
본문 46쪽

| **교과서 자료 읽기**<br>본문<br>48~49쪽 | **2** 장소<br><br>**3** ×<br><br>**5** +<br><br>**6** × | **2** 디지털 영상지도로 지역의 모습을 보려면 먼저 찾고 싶은 장소의 이름이나 지역의 이름 또는 주소를 입력해서 검색해야 해요.<br><br>**3** 디지털 영상지도를 보려면 '영상지도'를 선택해야 해요.<br><br>**5** 디지털 영상지도를 확대하려면 '+' 단추를 눌러야 해요. '-' 단추를 누르면 디지털 영상지도가 축소돼요.<br><br>**6** 마우스나 손가락을 이용해 디지털 영상지도에서 위치를 이동할 수 있어요. |
|---|---|---|
| **자료 더 읽기**<br>본문 50쪽 | **1** ❶ㄷ ❷ㄴ ❸ㄱ<br><br>**2** ☑ 화면 위에 손가락을 대고 움직이면 원하는 위치로 이동할 수 있어. | **1** ❶ 지도를 확대거나 축소하려면 '+'나 '-' 단추를 눌러요. ❷ '바탕 화면 선택' 단추를 누르면 지도의 종류를 선택할 수 있어요. ❸ '하이브리드' 단추를 활용해 장소의 이름을 숨기거나 나오게 할 수 있어요.<br><br>**2** 태블릿 컴퓨터에서 위치를 이동하려면 화면 위에 손가락을 대고 원하는 위치로 이동하면 돼요. 컴퓨터에서는 마우스로 화면을 누른 채 움직여서 위치를 이동할 수 있어요. |
| **복습하기**<br>본문 51쪽 | **1** 확대할   **2** 국토 정보 플랫폼 | |

| **교과서 내용 읽기**<br>본문<br>52~53쪽 | **1** 우리는 우리가 사는 곳을 다양한 방법으로 살펴볼 수 있습니다. 먼저 여러 장소를 직접 돌아다니며 실제로 살펴볼 수 있습니다. 장소와 관련한 정보를 책에서 찾거나 컴퓨터 또는 스마트폰으로 검색해 볼 수 있습니다. 사람들이 장소를 촬영한 사진이나 영상을 살펴볼 수 있고, 디지털 영상지도를 이용할 수도 있습니다.<br><br>⋯ 우리는 다양한 방법으로 주변의 여러 장소를 살펴볼 수 있어요.<br><br>**2** 디지털 영상지도는 우주에 떠 있는 인공위성이나 하늘을 나는 비행기에서 찍은 사진을 이용해 만든 지도입니다. '디지털 영상지도'의 의미 디지털 영상지도를 이용하면 우리가 사는 곳과 주변의 여러 장소의 실제 모습을 살펴볼 수 있습니다. 디지털 영상지도를 보려면 국토 정보 플랫폼 누리집에 방문해야 합니다.<br><br>⋯ 국토 정보 플랫폼 누리집에서 디지털 영상지도를 볼 수 있어요. |
|---|---|

내용을 이해한 정도만큼
나를 색칠해 봐!

쉬워.
사회 교과서를 완벽하게
이해할 수 있어.

조금 어려워.
틀린 문제를
다시 풀어 볼래!

많이 어려워.
교재를 다시
차근차근 공부할래!

**3** 디지털 영상지도를 볼 때는 다양한 기능을 활용할 수 있습니다. '바탕 화면 선택'에서는 여러 가지 지도의 종류를 선택할 수 있습니다. 내가 찾고 싶은 장소의 이름, 주소를 쓰고 검색할 수 있는 기능도 있습니다. 지도 위에 있는 장소의 이름을 숨기거나 나오게 하고 싶으면, '하이브리드' 단추를 누릅니다.

<sub>지도의 종류 선택 기능</sub> <sub>검색 기능</sub> <sub>하이브리드 기능</sub>

┈➔ 디지털 영상지도를 보는 화면에서 지도의 종류 선택, 장소 검색, 하이브리드 기능 등을 활용할 수 있어요.

**4** 지도를 확대하거나 축소하며 살펴볼 수도 있습니다. 장소 주변을 확대해서 자세히 보려면 '+' 단추를 누릅니다. 장소 주변을 축소해서 더 넓은 곳을 보려면 '-' 단추를 누릅니다. 위치를 이동하고 싶을 때는 마우스를 누른 채로 움직이면 됩니다. 태블릿 컴퓨터에서는 두 손가락 사이를 넓혀 지도를 확대할 수 있고, 두 손가락 사이를 좁혀서 지도를 축소할 수도 있습니다. 손가락을 대고 원하는 위치로 이동할 수 있습니다.

<sub>확대 및 축소 기능</sub> <sub>위치 이동 기능</sub>

┈➔ 디지털 영상지도를 볼 때 지도를 확대하거나 축소할 수 있고, 위치를 이동할 수도 있어요.

| | |
|---|---|
| 1 ② | 1 ②는 지역의 실제 모습을 보는 방법이 아니에요. 우리가 사는 곳을 보려면 장소를 직접 돌아다니거나 책, 컴퓨터, 스마트폰을 활용할 수 있고, 디지털 영상지도를 이용할 수도 있어요. |
| 2 ② | 2 ① 디지털 영상지도는 인공위성이나 비행기에서 찍은 사진을 이용해 만든 지도예요. ③ '하이브리드' 기능을 이용하면 장소의 이름을 숨기거나 나오게 할 수 있어요. ④ 태블릿 컴퓨터에서 손가락으로 위치를 이동할 수 있어요. ⑤ 디지털 영상지도를 확대해 장소 주변을 자세히 볼 수 있어요. |
| 3 ❶ ㄱ ❷ ㄷ ❸ ㄴ | 3 ❶ 검색 기능으로 찾고 싶은 장소의 모습을 볼 수 있어요. ❷ 지도를 확대하거나 축소할 때는 '+', '-' 단추를 눌러요. ❸ '하이브리드' 단추를 누르면 장소의 이름이 나오게 할 수 있어요. |

❶ 영상지도 ❷ 실제 ❸ 국토 정보 플랫폼 누리집

정리하기
본문 54쪽

**교과서 자료 읽기**

본문 56~57쪽

1 영상지도

2 예 국립 부여 박물관

3 ✕

4 중부 시장

1 디지털 영상지도를 보려면 '바탕 화면 선택'에서 영상지도를 선택해야 해요.

2 찾고 싶은 장소의 디지털 영상지도를 보려면, 장소의 이름을 정확하게 써야 해요.

3 장소 주변을 자세히 보려면 지도를 확대하는 '+' 단추를 눌러야 해요.

4 물건을 살 수 있는 장소는 시장인 중부 시장이에요.

**자료 더 읽기**

본문 58쪽

1 ❶ 영상지도
❷ 대전 엑스포 과학 공원

2
| 산 | 초등학교 | 소방서 |
|---|---|---|
| 기차역 | 중학교 | 우체국 |
| 시장 | 공원 | 아파트 |

3

1 ❶ 제시된 지도는 디지털 영상지도이므로 지도의 종류로 영상지도를 선택하였어요. ❷ 장소 검색 부분을 보면 '대전 엑스포 과학 공원'을 검색한 것을 알 수 있어요.

2 디지털 영상지도를 보면 매봉산, 대덕 초등학교, 유성 소방서, 대덕 중학교, 엑스포 과학 공원과 성두산 근린공원, 아파트가 있어요. 기차역, 우체국, 시장은 없어요.

3 디지털 영상지도에서 옷이나 식품 등 다양한 물건을 살 수 있는 곳은 백화점이에요.

**복습하기**

본문 59쪽

1 산

**교과서 내용 읽기**

본문 60~61쪽

1 디지털 영상지도를 이용하면 직접 돌아다니지 않고도 장소의 실제 모습을 살펴볼 수 있습니다. 디지털 영상지도를 보려면, 먼저 국토 정보 플랫폼 누리집에 접속하여 지도를 볼 수 있는 '통합 지도 검색'을 눌러야 합니다. 그리고 '바탕 화면 선택'을 눌러 보고 싶은 지도의 종류를 선택합니다. 디지털 영상지도를 보려면 지도의 종류로 '영상지도'를 선택해야 합니다.

⋯ 디지털 영상지도를 보려면 먼저 국토 정보 플랫폼 누리집에 들어가야 해요.

2 다음으로 찾고 싶은 장소의 이름이나 주소를 입력합니다. 이때, 정확한 이름이나 주소를 쓰는 것이 중요합니다. 예를 들어 서울특별시청의 주변을 지도로 보고 싶다면, '시청'이 아니라 '서울특별시청'이라고 정확하게 써야 합니다. 이렇게 장소의 이름을 적고 검색을 하면 다음과 같은 디지털 영상지도를 볼 수 있습니다.

내용을 이해한 정도만큼
나를 색칠해 봐!

쉬워.
사회 교과서를 완벽하게
이해할 수 있어.

조금 어려워.
틀린 문제를
다시 풀어 볼래!

많이 어려워.
교재를 다시
차근차근 공부할래!

가

⋯→ 디지털 영상지도로 보고 싶은 장소의 이름을 정확하게 입력해요.

3 디지털 영상지도로 지역의 장소들을 살펴볼 수 있습니다. 위 디지털 영상지도를 보면 서울특별시청 주변에 건물이 많다는 점을 알 수 있습니다. 그리고 장소 주변에 넓은 도로가 있다는 것을 확인할 수 있습니다.

⋯→ 디지털 영상지도로 지역의 장소들을 살펴볼 수 있어요.

4 디지털 영상지도를 볼 때 주변을 확대하거나 축소해서 볼 수도 있습니다. 주변을 확대하면 장소 주변을 더 자세히 볼 수 있고, 지도를 축소하면 장소 주변을 더 넓게 볼 수 있습니다. 하이브리드 기능을 이용해 장소의 이름을 나타나게 하거나 숨길 수도 있고, 위치를 이동하여 다른 장소도 볼 수 있습니다.
장소 주변 근처의 다른 장소들을 볼 수 있음.
장소를 포함한 지역의 전체 모습을 볼 수 있음.

⋯→ 디지털 영상지도의 다양한 기능을 활용할 수 있어요.

1 ② - ⑦ - © - ©

2 ③

3 ☑

1 디지털 영상지도를 이용하려면 먼저 국토 정보 플랫폼 누리집에 접속해 '통합 지도 검색'을 눌러요. 그리고 지도의 종류를 영상지도로 선택하고, 보고 싶은 장소의 이름이나 주소를 입력해 검색해요. 검색해서 나온 지도를 보고 장소의 위치와 주변 장소를 살펴봐요.

2 하이브리드 단추에서 V 표시를 지워, 장소의 이름이 숨겨져 있어요.

3 '-' 단추를 누르면 지도를 축소해서 장소 주변의 더 넓은 부분을 볼 수 있어요.

❶ 영상지도 ❷ 검색하기 ❸ 살펴보기

정리하기
본문 62쪽

## 교과서 자료 읽기
**본문 65쪽**

2 ○

3 • 조사한 장소: ㉠
 • 장소의 좋은 점: ㉢
 • 장소의 불편한 점: ㉡

2 장소에 대해 조사할 때는 장소에서 실제로 일어난 일을 알아봐야 해요. 이때, 주변 사람에게 장소에 대해 물어볼 수 있어요.

3 기차역은 조사한 장소예요. 여러 지역에 갈 수 있는 기차가 많아 편리하다는 것은 장소의 좋은 점이고, 기차 타는 곳에 안전시설이 없다는 것은 불편한 점이에요.

## 자료 더 읽기
**본문 66쪽**

1 ❶ × ❷ ○ ❸ ○

2 ❶ 병원 ❷ 영화관
 ❸ 도서관

3 ☑ 쓰레기가 많이 있음.
 ☑ 그네가 망가져서 탈 수가 없음.

1 ❶ 제시된 표는 우리 지역에 있는 여러 장소의 좋은 점과 불편한 점을 정리한 표예요.

2 ❶ 진료를 기다리는 시간이 길어 불편한 점이 있는 곳은 병원이에요. ❷ 다양한 영화를 볼 수 있는 좋은 점이 있는 곳은 영화관이에요. ❸ 여러 책을 읽을 수 있지만 자리가 부족한 곳은 도서관이에요.

3 ㉠에는 놀이터의 불편한 점이 들어가야 알맞아요. 다양한 놀이기구가 있다는 점과 어린이를 위한 안전시설이 있다는 점은 놀이터의 좋은 점이에요.

## 복습하기
**본문 67쪽**

1 ㉠ - ㉢ - ㉡ - ㉣   2 ☑ 조사할 장소와 관련한 누리집에 방문합니다.

## 교과서 내용 읽기
**본문 68~69쪽**

1 우리는 생활하면서 여러 장소를 이용합니다. 이러한 장소에는 좋은 점도 있지만 불편한 점도 있습니다. 이러한 불편한 점을 해결하면 우리가 사는 곳을 더 살기
<u>더 살기 좋은 곳을 만들 수 있는 방법</u>
좋게 만들 수 있습니다. 이를 위해 우리 주변의 장소를 조사해 볼 수 있습니다. 장소에 대해 조사를 하려면, 먼저 조사하고 싶은 장소를 정해야 합니다. 장소를 정할 때는 장소가 주는 편리함과 도움을 중심으로 생각해 볼 수 있습니다.
<u>건강에 도움을 주는 장소, 여가 생활을 할 수 있는 장소 등</u>
⋯⋯⋅ 우리 주변의 한 장소를 정해서 조사할 수 있어요.

2 다음으로 내가 정한 장소에 대해 조사합니다. 장소를 조사할 때는 장소와 그 주변을 직접 돌아보거나 주변 사람들에게 장소에 대해 물어볼 수 있습니다. 장소에
<u>친구들, 이웃들, 학교 선생님 등</u>
대한 정보가 있는 책을 찾아보거나 장소와 관련한 누리집에 방문할 수도 있습니다.
<u>시, 도, 군청 누리집 등</u>
사회 관계망 서비스(SNS)에서 장소에 대한 소식을 알아볼 수도 있습니다.
⋯⋯⋅ 다양한 방법으로 장소를 조사할 수 있어요.

내용을 이해한 정도만큼
나를 색칠해 봐!

쉬워.
사회 교과서를 완벽하게
이해할 수 있어.
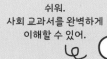

조금 어려워.
틀린 문제를
다시 풀어 볼래!

많이 어려워.
교재를 다시
차근차근 공부할래!

**3** 장소에 대해 조사한 뒤에 장소의 좋은 점과 불편한 점 등을 구분하여 정리합니다. 여럿이 조사를 한 경우에는 조사한 내용을 표로 정리할 수 있습니다. 이러한 방법으로 장소별로 좋은 점과 불편한 점을 한눈에 알 수 있습니다. 마지막으로 장소의 불편한 점을 해결할 수 있는 방안을 생각해서 정리합니다. 이때 다음 표처럼 그 방안을 생각한 까닭도 함께 정리하면 좋습니다.
<sub>표로 정리하면 좋은 점</sub>

| 가 | 생각한 방안 | 방안을 생각한 까닭 |
|---|---|---|
| | 공원 바닥을 푹신푹신하게 바꿉니다. | 바닥이 딱딱한 돌로 되어 있어서 놀 때 다치기 쉽기 때문입니다. |
| | ㉠ | 공원에 쓰레기통을 두면 바닥에 쓰레기를 버리는 사람이 줄어들 것이기 때문입니다. |

⋯⋯ 장소의 불편한 점을 해결할 수 있는 방안과 그 방안을 생각한 까닭을 정리해요.

**4** 장소의 불편한 점을 해결할 수 있는 방안을 다른 사람에게 알리는 활동을 추가로 할 수 있습니다. 활동을 할 때는 사람들이 기억하기에 좋은 문구를 정해서 포스터를 만들거나 사회 관계망 서비스(SNS)에 관련한 글을 올릴 수 있습니다.

⋯⋯ 더 살기 좋은 곳을 만들 수 있는 방안을 주변에 알릴 수 있어요.

---

1 ⑤

2 ☑ 장소 조사하기

3 ②

4 ③

---

1 ① 우리 주변 장소에는 좋은 점과 불편한 점이 있어요. ② 다양한 방법으로 장소를 조사할 수 있어요. ③ 장소에 대해 정리할 때는 좋은 점과 불편한 점을 구분하여 적어요. ④ 조사한 내용을 표로 정리하면 한눈에 알 수 있어 좋아요.

2 장소를 조사할 때 주변 사람에게 장소에 대해 물어볼 수 있어요.

3 ② 제시된 표는 장소의 불편한 점과 해결할 수 있는 방안을 정리한 것으로, 장소의 좋은 점은 확인할 수 없어요.

4 ③ 쓰레기통을 두면 쓰레기를 버리는 사람이 줄어들 것이라고 생각하였으므로, 해결 방안은 공원 곳곳에 쓰레기통을 두는 것이에요.

---

❶ 장소 ❷ 정리 ❸ 방안 ❹ 불편한 점

**정리하기**
본문 70쪽

---

가로① 여가
가로② 디지털 영상지도
가로③ 방안
가로④ 이용하다

세로① 정보
세로② 확대하다
세로③ 불편하다

**도전!
어휘 퀴즈**
본문 71쪽

**교과서 자료 읽기**
본문 77쪽

1 시간

2

○○신문 [2018년 2월 26일]

**막을 내린 평창 동계 올림픽**

평창 *동계 올림픽은 어제 저녁에 열린 행사를 마지막으로 끝났다. 이번에 열린 올림픽은 2018년 2월 9일에 시작하여 17일간 이어졌다. 평창 동계 올림픽은 1988년에 우리나라에서 처음 열린 서울 올림픽 이후로 30년 만에 열린 올림픽이다. 다음 동계 올림픽은 4년 뒤인 2022년에 중국 베이징에서 열릴 예정이다.

⊙ 평창 동계 올림픽

3

○○신문 [2013년 6월 19일]

**『난중일기』, 세계에서 보호할 *문화유산이 되다**

이순신 장군이 쓴 『난중일기』가 세계에서 함께 보호해야 할 문화유산이 되었다. *유네스코에서는 오래전부터 세계적으로 귀중한 문화유산을 정하여 함께 보호하며 미래에 전하고자 노력하고 있다. 『난중일기』도 그러한 세계 문화유산이 된 것이다.
이순신 장군은 조선 시대에 우리나라에 쳐들어온 왜적을 바다에서 무찔렀다. 그리고 전쟁 중이었던 1592년 4월부터 1598년 11월까지 약 7년간 거의 매일 일기를 썼다. 오늘날 우리는 『난중일기』로 ( ⊙ )에 있었던 일을 생생하게 알 수 있다.

4 ☑ 과거

1 기사는 언제, 어디에서, 어떤 일이 일어났는지 알리는 글이기 때문에 다양한 시간 표현을 사용해요.

4 '미래'는 앞으로의 시간을 나타내고 '지금'은 현재의 시간을 나타내요. '조금 전'은 지난 지 얼마 되지 않은 시간을 나타내요.

**자료 더 읽기**
본문 78쪽

1 ❶ ○  ❷ ✕

2

○○신문 [2025년 8월 10일]

**○○시, 곤충 축제를 열다**

○○시는 다음 달 7일에 '곤충 사랑 축제'를 연다고 알렸다. '곤충 사랑 축제'는 해마다 열리는 축제로 자연환경과 생명의 소중함을 알리는 것을 목적으로 한다. 올해 행사는 작년과 달리 어린이들이 직접 체험할 수 있는 다양한 활동이 준비될 예정이다. 체험 활동 신청은 내일 오전 10시부터 지역 누리집에서 할 수 있다.

🐛 '곤충 사랑 축제'에
여러분을 초대합니다.

시간 - 9월 7일 일요일
장소 - 한마음 체육관

⊙ 축제 안내 포스터

1 ❷ 기사에서 시간을 표현하는 말을 사용하였어요.

**복습하기**
본문 79쪽

1 기사   2 ☑ 작년  ☑ 올해  ☑ 9월 5일  ☑ 내년  ☑ 5월

**교과서 내용 읽기**
본문 80~81쪽

❶ 우리는 일상생활에서 시간을 표현하는 다양한 말을 사용합니다. 예를 들어
(날짜, 요일, 시간 등)
'토요일에 가족들과 여행을 갔습니다.', '오늘 아침에 기분이 좋았습니다.', '지금 만날 수 있습니다.'에서 '토요일', '오늘', '아침', '지금'은 시간을 나타내는 말입니다.

⋯→ 우리는 일상생활에서 시간을 표현하는 다양한 말을 사용해요.

❷ 어떠한 사실이나 소식을 전하는 기사에서 시간을 표현하는 말을 자주 볼 수 있습니다. 마음을 전하는 편지나 일어난 일을 적은 일기 등에서도 시간을 표현하는 다양한 말을 사용합니다.
(신문의 특징)         (편지의 특징)      (일기의 특징)

내용을 이해한 정도만큼
**나를 색칠해 봐!**

쉬워.
사회 교과서를 완벽하게
이해할 수 있어.

조금 어려워.
틀린 문제를
다시 풀어 볼래!

많이 어려워.
교재를 다시
차근차근 공부할래!

**가**

사랑하는 부모님께
　안녕하세요. ⑨년간 저를 사랑으로 키워주시고 늘 응원해 주신 부모님께 감사의 마음을 전하고자 편지를 씁니다. 지난달에 제가 감기에 걸려 열이 났을 때도 이틀 동안 잠을 제대로 주무시지도 못하고 저를 간호해 주셔서 정말 감사합니다.

2025년 5월 8일
아들 해인 올림

**나**

2025년 2월 15일 토요일

오늘은 할머니 생신이었다. 우리 집에서 할머니 생신 잔치를 하였다. 나는 오전부터 풍선을 불어 장식하고 케이크를 준비하였다. 오후가 되어 모든 가족이 모였다. 우리는 할머니 생신을 행복하게 보냈다. 내년 생신에도 할머니께서 건강하셨으면 좋겠다.

⋯▶ 기사, 편지, 일기 등에서 시간을 표현하는 말을 찾을 수 있어요.

**1** ④

**2** 가 , 나 에서 확인해 보세요.

**3** ☑ 어제　☑ 지난번
　☑ 며칠 전

**1** ① 우리는 시간을 표현하는 말을 사용해요. ② '지금'도 시간을 표현하는 말이에요. ③ 기사에서 시간을 표현하는 말을 찾을 수 있어요. ⑤ 일기는 일어난 일을 적은 글이고, 편지는 마음을 전하는 글이에요. 어떤 사실을 전하는 글은 기사예요.

**3** 편지의 내용은 이미 일어난 일에 대한 내용이에요. 따라서 앞으로의 시간을 나타내는 '내일'과 '3일 후'는 알맞지 않아요.

❶ 시간 ❷ 기사 ❸ 편지

**정리하기**
**본문 82쪽**

17

**교과서 자료 읽기**
본문 85쪽

1 시간

2 ・사회
　・영어

3 ・점심시간
　・9시
　・50분

4 Ⅴ 급식실에서 점심을 먹습니다.

1 학급 시간표는 학급에서 시간을 나누어 만든 표예요.

2 ・4교시에 배우는 과목은 사회 과목이에요.
　・점심시간이 끝나고 난 뒤에는 영어 과목을 배워요.

3 ・12시 10분부터 오후 1시까지 점심시간이에요.
　・9시부터 12시 10분까지 4과목을 공부해요.
　・점심시간은 50분이에요.

4 12시 10분부터 점심시간이므로 학생들은 점심을 먹어요.

**자료 더 읽기**
본문 86쪽

1 ❶ × ❷ × ❸ ○

2 ❶ 9시 30분 ❷ 학교
　❸ 6시, 한 시간

3

1 ❶ 생활 계획표는 하루 동안의 생활을 계획하여 정리한 것이에요.
　❷ 생활 계획표에서 하루 동안의 시간의 흐름을 확인할 수 있어요.

2 ❶ 오후 9시 30분에 잠자리에 들어요. ❷ 아침 식사를 하고 학교에 가서 공부해요. ❸ 오후 6시까지 놀고 오후 7시부터 한 시간 동안 책을 읽어요.

3 오후 3시 30분부터 오후 5시까지는 숙제를 해요.

**복습하기**
본문 87쪽

1 순서, 시간　2 생활 계획표　3 Ⅴ

**교과서 내용 읽기**
본문 88~89쪽

**1** 우리는 일상생활에서 시간의 흐름을 알 수 있는 여러 가지 자료를 활용합니다. 먼저 학교에서 볼 수 있는 학급 시간표가 있습니다. 학급 시간표는 학급에서 시간을 나누어 시간에 따라 공부할 과목을 적은 표입니다. <sub>학급 시간표의 의미</sub> 표에는 교시, 과목, 시간 등의 정보가 있어, 학교에서 어떤 순서로 수업하는지 알 수 있습니다. 그리고 학교에서 이루어지는 시간의 흐름을 확인할 수 있습니다.
<sub>학급 시간표의 활용 ②</sub>　⋯→ 우리는 일상생활에서 시간의 흐름을 알 수 있는 여러 가지 자료를 활용해요. 학급 시간표로 학교에서의 시간의 흐름을 알 수 있어요.

**2** 생활 계획표로도 시간의 흐름을 확인할 수 있습니다. 생활 계획표는 하루 동안의 생활을 계획하여 정리한 것으로, 시간대별로 해야 할 일을 적습니다. 생활 계획<sub>생활 계획표의 의미</sub>을 세워 정리하면 계획을 확인하고 실천하며 하루를 알차게 보낼 수 있습니다.
<sub>생활 계획표의 장점</sub>　⋯→ 생활 계획표로도 시간의 흐름을 확인할 수 있어요.

내용을 이해한 정도만큼
나를 색칠해 봐!

쉬워.
사회 교과서를 완벽하게
이해할 수 있어.

조금 어려워.
틀린 문제를
다시 풀어 볼래!

많이 어려워.
교재를 다시
차근차근 공부할래!

**3** 날짜와 요일을 적어 놓은 달력을 보면, 시간이 어떻게 흐르는지 파악할 수 있습니다. 아래 달력처럼 달력에는 공휴일, 기념해야 하는 날, 약속 등의 중요한 일정을 표시할 수 있습니다. 최근에는 스마트폰에 있는 달력을 활용하기도 합니다.

달력의 활용

가

**20□□년 6월**

| 일 | 월 | 화 | 수 | 목 | 금 | 토 |
|---|---|---|---|---|---|---|
|  |  |  | 1 | 2 | 3 | 4 |
| 5 | 6 현충일 | 7 | 8 | 9 | ⑩ 여행 | 11 |
| 12 | 13 | ⑭ 모둠 활동 발표 | 15 | 16 | 17 | 18 |
| 19 | 20 | 21 | ♡22♡ 엄마 생신 | 23 | 24 | 25 |
| 26 | 27 | 28 | 29 | 30 |  |  |

…▶ 날짜와 요일을 적어 놓은 달력을 통해서도 시간의 흐름을 파악할 수 있어요.

---

1 ④

2 ③, ④

3 ❶ 모둠 활동 발표
　❷ 엄마 생신

1 ④ 공휴일, 기념해야 하는 날, 약속 등은 달력에 표시할 수 있어요.

2 ①, ② 교시와 과목은 학급 시간표에 들어가는 내용이에요. ⑤ 시간대별 할 일은 생활 계획표에 적어요.

3 ❶ 달력을 보면, 6월 14일은 모둠 활동 발표를 하는 날이에요.
　❷ 6월 22일은 엄마 생신이에요.

---

❶ 순서 ❷ 하루 ❸ 달력

**정리하기**
본문 90쪽

**교과서 자료 읽기**
본문 93쪽

1 왼쪽, 위쪽

2 · 2000
   · 2020

3 · ○
   · ✕

4 · 우수 어린이 도서관 수상,
     2006년 10월 20일

   ·
   | 2012년 4월 1일 |
   | 샛별 어린이 도서관으로 이름 변경 |

1 연표에서 왼쪽이나 위쪽이 더 오래된 과거예요.

2 · 2000년대인 2003년에 문화센터를 운영하였어요.
   · 2020년대인 2024년에 열람실 추가 공사를 완료하였어요.

3 · 연표에는 일어난 일과 일이 일어난 때를 나타내요.
   · 연표에는 있었던 일 중에서 중요한 일을 나타내요.

4 · 샛별 어린이 도서관은 2018년에 우수 어린이 도서관을 수상하였고, 2006년 10월 20일에 독후감 쓰기 대회를 개최하였어요.
   · 샛별 어린이 도서관은 2012년 4월 1일에 이름을 변경하였어요.

**자료 더 읽기**
본문 94쪽

1 ❶ 곡선  ❷ 중요한

2 ❶ 1966  ❷ 만 원
   ❸ 2009

3
```
1970년 ── (백 원 동전) 발행 시작

      1972년 ── 오십 원 동전,
              오천 원 지폐
              발행 시작

1973년 ── 만 원 지폐 발행 시작
```

1 ❶ 연표는 곡선 연표로, ❷ 연표에서는 화폐가 달라진 과정에서 일어난 중요한 일을 골라서 정리하였어요.

2 ❶ 일 원, 오 원, 십 원 동전이 발행된 연도는 1966년이에요. ❷ 1973년에는 만 원 지폐가 발행되었어요. ❸ 오만 원 지폐는 2009년에 발행되기 시작하였어요.

3 백 원 동전은 1970년에 발행되기 시작하였어요.

**복습하기**
본문 95쪽

1 연표   2 직선, 중요한, 언제

**교과서 내용 읽기**
본문 96~97쪽

**1** 연표는 과거에 있었던 일들을 시간의 흐름에 따라 알아보기 쉽게 표로 정리한 것입니다. 연표를 보면 중요한 일과 그 일이 일어난 때를 알 수 있습니다. 연표를 활용하면 한 나라에서 일어난 일을 정리할 수 있습니다. 특정 지역, 학교나 도서관과 같은 기관이 달라진 과정을 정리한 연표도 있습니다. 화폐나 전화기가 변화한 과정 등과 같이 하나의 주제를 정해 그 주제와 관련한 일만 연표로 정리하기도 합니다. 한 인물의 삶을 연표로 나타내기도 합니다.
····➤ 연표는 과거에 있었던 일들을 시간의 흐름에 따라 알아보기 쉽게 정리한 것이에요.

내용을 이해한 정도만큼
나를 색칠해 봐!

쉬워.
사회 교과서를 완벽하게
이해할 수 있어.

조금 어려워.
틀린 문제를
다시 풀어 볼래!

많이 어려워.
교재를 다시
차근차근 공부할래!

**2** 연표는 표현 방법에 따라 크게 직선 연표와 곡선 연표로 나눌 수 있습니다. 직선 연표는 곧은 선의 모양이고 곡선 연표는 부드럽게 굽은 선 모양입니다. 연표에서 <sub>직선 연표와 곡선 연표의 차이점</sub> 시간의 흐름을 왼쪽에서 오른쪽으로, 또는 위쪽에서 아래쪽으로 표현합니다. 이때, 왼쪽이 오른쪽보다 더 오래된 과거이고, 위쪽이 아래쪽보다 더 오래된 과거입니다.

⋯▸ 연표에는 직선 연표와 곡선 연표가 있어요.

**3** 다음 연표는 한글의 변화 과정을 보여 주는 연표입니다. 이 연표는 1443년 훈민정음이 창제되고 1997년 훈민정음해례본이 세계 기록 유산으로 지정되기까지 한글의 변화 과정 중 중요한 일들을 보여 줍니다.

⋯▸ 한글의 변화 과정을 보여 주는 연표를 보면 한글의 변화 과정에서 중요한 일과 그 일이 일어난 때를 알 수 있어요.

| | |
|---|---|
| **1** 시간의 흐름 | **1** 연표는 과거에 있었던 일들을 시간의 흐름에 따라 알아보기 쉽게 표로 정리한 것이에요. |
| **2** ⑤ | **2** ⑤ 연표는 시간의 흐름에 따라 기록되어 있으며 왼쪽이 오른쪽보다, 위쪽이 아래쪽보다 더 오래된 과거를 나타내요. |
| **3** ④ | **3** ①, ② 제시된 연표는 직선 연표로, 오른쪽이 오늘날과 가까운 시기예요. ③, ⑤ 제시된 연표는 한글을 주제로 관련한 중요한 일을 정리하고 있어요. 따라서 한글이 만들어지고 발전한 과정을 알아볼 수 있어요. |
| **4** ⑤ | **4** ⑤ 훈민정음해례본이 유네스코 세계 기록 유산으로 지정된 때는 1997년이에요. |

❶ 연표 ❷ 과정 ❸ 때

**정리하기**
본문 98쪽

**교과서 자료 읽기**

본문 101쪽

1 ×

2 9살

3 · 일기, 나

- 20□□ 3살 · 가족들과 ( 부천시 )(으)로 이사함.
- 20□□ 4살 · ○○ 어린이집에 다니기 시작함.
- 20□□ 5살 · 처음으로 이를 뽑음.
- 20□□ 6살 · ( 그림 그리기 ) 대회에서 상을 받음.

4 · 5살
· 학급 회장으로 뽑혔습니다.

1 나에게 일어난 중요한 일을 연표로 정리할 수 있어요.

2 제시된 연표는 0살부터 9살까지 있었던 일을 나타내고 있어요.

3 · 나에게 일어난 일은 사진, 일기 등에서 찾을 수 있고, 나를 잘 아는 주변 사람에게 물어 볼 수도 있어요.
· 제시된 내용을 보면 3살 때 가족들과 부천시로 이사를 하였고, 6살 때 그림 그리기 대회에서 상을 받았어요.

4 · 연표를 보면 5살 때 처음으로 이를 뽑았어요.
· 8살에 학급 임원 선거에서 회장으로 뽑혔어요.

**자료 더 읽기**

본문 102쪽

1 ❶ × ❷ ○

2 ❶ 2013 ❷ 6
❸ 초등학교

3
- 2010년 · 2010년 부모님 결혼
- 2013년 · 부모님이 수원시로 이사함.
- 2016년 · 첫째 현서가 태어남.
- 2020년 · 가족이 베트남으로 여행을 감.
- 2023년 · 현서가 초등학교에 입학함. / 둘째 현아가 태어남.

1 ❶ 가족에게 일어난 중요한 일도 연표로 나타낼 수 있어요.

2 연표를 보면 ❶ 2013년에 부모님이 수원시로 이사하였어요.
❷ 부모님이 결혼하시고 6년 뒤인 2016년도에 현서가 태어났어요.
❸ 현서는 2023년에 초등학교에 입학하였어요.

3 현서가 태어나고 4년이 지난 해는 2020년이에요. 2020년에 현서의 가족은 베트남으로 여행을 갔어요.

**복습하기**

본문 103쪽

1 ☑ 네, 나에게 일어난 중요한 일로 연표를 만들 수 있습니다.

2 ☑ 연도 중요한 일

- 2015년 · 태어남.
- 2021년 · 유치원 입학
- 2023년 · 초등학교 입학

**교과서 내용 읽기**

본문 104~105쪽

**1** 우리는 살면서 다양한 경험을 합니다. 그 경험들 가운데에는 나에게 중요한 일들이 있습니다. 이러한 일들을 시간의 흐름에 따라 정리해서 연표를 만들 수 있습니다. 나의 연표를 만들려면, 먼저 나에게 일어났던 일들을 조사합니다. 나에게 일어난 일은 자신이 쓴 일기, 사진이나 영상 등을 보면서 확인할 수 있습니다. 부모님이나 선생님께 여쭈어볼 수도 있습니다. 이때, 나뿐만 아니라 나의 가족, 학교, 내가 사는 곳 등 내 주변에서 일어난 일도 함께 알아보는 것이 좋습니다.

*연표 만들기 첫 번째 과정*
*나에게 일어난 일을 조사하는 방법 ①*
*나에게 일어난 일을 조사하는 방법 ②*

┄ 연표를 만들려면 먼저 나에게 일어난 일을 조사해요.

내용을 이해한 정도만큼
나를 색칠해 봐!

쉬워.
사회 교과서를 완벽하게
이해할 수 있어.

조금 어려워.
틀린 문제를
다시 풀어 볼래!

많이 어려워.
교재를 다시
차근차근 공부할래!

**2** 다음으로 조사한 내용을 연표로 나타냅니다. <u>연표에 시기를 적고 각 시기에 있</u>
(연표 만들기 두 번째 과정)    (연표에 적을 내용)
<u>었던 중요한 일을 기록합니다.</u> 이때, 조사한 내용을 모두 적지 않아도 괜찮습니다.
<u>조사한 내용 가운데 나에게 중요한 일을 골라 씁니다.</u> 이러한 과정으로 다음과 같이
(연표 만들 때 주의할 점)
나의 연표를 만들 수 있습니다. 연표를 완성하고 나면, <u>시간에 따라 살펴보면서 나</u>
(연표 만들기 세 번째 과정)
<u>에게 일어난 일을 이해합니다.</u>

가                    서연이의 연표

| 연도 | | 중요한 일 |
|---|---|---|
| 20□□ | 0살 | • 전주시에서 태어남. |
| 20□□ | 5살 | • ○○ 유치원에 입학함. / 반려견을 입양함. |
| 20□□ | 6살 | • 놀이터에서 놀다가 팔을 다침. |
| 20□□ | 7살 | • ○○ 초등학교에 입학함. |
| 20□□ | 9살 | • 말하기 대회에서 최우수상을 받음. |

⋯→ 조사한 내용을 바탕으로 중요한 일을 기록하여 연표를 만들어요.

**3** 나의 연표를 만든 것처럼 우리 가족에게 일어난 중요한 일들도 연표로 만들 수
있습니다. 가족의 연표를 만들면 우리 가족에게 중요했던 일을 살펴볼 수 있습니다.
이러한 과정으로 <u>가족의 역사를 알고, 가족에 대해 더 잘 이해할 수 있습니다.</u>
(가족 연표의 활용)
⋯→ 가족에게 일어난 일로 가족 연표를 만들어 가족의 역사를 이해할 수 있어요.

---

1 ③

2 ❶ 조사하기
 ❷ 기록하기
 ❸ 시간

3 ④

1 ③ 내 주변에서 일어난 일도 나와 우리 가족에게 영향을 주어요.

2 나의 연표를 만들 때는 먼저 나에게 일어난 일을 조사해요. 다음
으로 연표에 시기와 각 시기에 있었던 중요한 일을 기록해요. 마
지막으로 완성한 연표를 시간에 따라 살펴봐요.

3 ④ 서연이가 유치원에 입학할 때에 반려견을 입양하였어요.

---

**정리하기**
본문 106쪽

❶ 중요한  ❷ 시간  ❸ 가족

---

**도전!
어휘 퀴즈**
본문 107쪽

| 가로① | 과거 | 세로① | 과정 |
|---|---|---|---|
| 가로② | 시기 | 세로② | 기록하다 |
| 가로③ | 역사 | 세로③ | 흐름 |
| 가로④ | 학급 시간표 | 세로④ | 연표 |

### 교과서 자료 읽기
본문 113쪽

1 갓난아이
2 ○
3 음악
4 요강
5 ☑

1 배냇저고리는 갓난아이를 위하여 만든 옷이에요.

2 휴대 전화가 널리 사용되기 전에는 주로 무선 호출기로 연락을 주고받았어요.

3 카세트테이프는 과거에 음악을 들을 때 사용한 물건이에요.

4 옛날에는 화장실이 방과 멀리 떨어져 있거나 집 밖에 있어 밤에 볼일을 볼 때는 요강을 사용하였어요.

5 밑줄 친 '이것'은 무선 호출기예요. 무선 호출기로 호출이 오면 소리가 나거나 진동이 울렸고, 무선 호출기 화면에 전화번호가 나타났어요.

### 자료 더 읽기
본문 114쪽

1 ❶ × ❷ ○
2 ❶ 돌 ❷ 있고
   ❸ 나무 ❹ 울퉁불퉁한
3 ❶ 맷돌 ❷ 빨래판

1 ❶ 맷돌과 빨래판은 옛날 사람들이 사용한 오래된 물건이에요.

2 ❶, ❷ 맷돌은 둥글고 납작한 돌을 포개어 만들고 손잡이와 곡식 등을 넣을 수 있는 구멍이 있어요. ❸, ❹ 빨래판은 넓적한 나무로 만들고 가운데에는 울퉁불퉁한 모양이 있어요.

3 ❶ 맷돌은 곡식을 갈 때 사용한 오래된 물건이에요. ❷ 빨래판은 빨래를 빨 때 사용한 오래된 물건이에요.

### 복습하기
본문 115쪽

1 깃, 쉽습니다   2 과거

### 교과서 내용 읽기
본문 116~117쪽

1 집 안을 살펴보면 부모님이 결혼하시기 전에 사용하셨던 물건이나 할아버지, 할머니가 쓰셨던 물건들이 있습니다. 내가 어릴 적에 입었던 옷이나 가지고 놀던 장난감, 갓난아이일 때 사용한 그릇 등도 있습니다. 이처럼 우리 주변에는 오래된 물건들이 있습니다. 오래된 물건에는 과거 모습을 알 수 있는 증거가 있습니다.
오래된 물건의 예시
오래된 물건이 중요한 까닭
⋯ 오래된 물건에는 과거의 모습을 알 수 있는 증거가 있어요.

2 필름 카메라는 과거에 사진을 찍을 때 사용하였던 물건입니다. 카메라에 필름을 넣고 사진을 찍으면 필름에 찍은 모습이 나타납니다. 이 필름을 사진관에 가져가서 종이로 옮기면 사진이 만들어집니다. 오늘날에는 스마트폰으로 사진을 찍어서 사진을 바로 확인할 수 있지만 필름 카메라를 사용하였을 때에는 사진을 볼 때까지 시간이 걸렸습니다.
필름 카메라의 용도
필름 카메라로 알 수 있는 과거의 모습 ①
필름 카메라로 알 수 있는 과거의 모습 ②

가

필름

↑ 필름 카메라

⋯ 옛날에는 필름 카메라로 사진을 찍었어요.

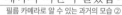

내용을 이해한 정도만큼
나를 색칠해 봐!

쉬워.
사회 교과서를 완벽하게
이해할 수 있어.

조금 어려워.
틀린 문제를
다시 풀어 볼래!

많이 어려워.
교재를 다시
차근차근 공부할래!

**3** 인두도 과거의 모습을 보여 주는 오래된 물건입니다. 인두는 옛날에 옷을 다릴 때 사용한 물건입니다. <sub>인두의 용도</sub> 인두의 모양은 오늘날 요리할 때 사용하는 도구와 닮았습니다. <sub>인두의 모양</sub> 사람들은 철로 만든 앞부분에 뜨거운 숯을 넣어 옷 위를 문지르며 옷을 다렸습니다. 이때 손잡이 부분은 뜨겁지 않게 나무로 만들었습니다. 인두를 보면 옛날 사람들은 뜨거운 숯과 인두로 옷의 주름을 폈다는 것을 알 수 있습니다. <sub>인두로 알 수 있는 과거의 모습</sub>

나

↑ 인두

⋯› 옛날에는 인두로 옷을 다렸어요.

1 물건

2 ③

3 Ⓥ

4

과거에는 필름 카메라로 찍은 사진을 바로 확인했어요.

Ⓥ

1 오래된 물건에는 과거의 모습을 알 수 있는 증거가 있어요.

2 ③ 인두는 옛날에 옷을 다릴 때 사용한 물건이에요.

3 인두는 철로 된 앞부분에 숯을 넣어 옷을 다렸어요.

4 필름 카메라로 사진을 찍으면 사진관에서 사진을 현상해야 했기 때문에 사진을 바로 확인할 수 없었어요.

❶ 증거 ❷ 옷 ❸ 요강

**정리하기**
본문 118쪽

**교과서 자료 읽기**
본문 121쪽

**1** 1980년

**3** ·○  ·○  ·✕

**4** ·처음
· 1985년 2월 22일

**5**
○○신문     1985년 2월 23일
**우리나라의 첫 피자 패스트푸드 매장 문을 열다**
어제 서울특별시 용산구에 우리나라에서 처음으로 피자 패스트푸드 매장이 문을 열었다. 많은 사람이 매장을 방문하였고, 처음 맛보는 음식인 피자에 관심을 가졌다. 특히 가족끼리 외식을 하고자 매장을 찾는 경우가 많았다.

**1** 가 신문은 1980년 12월 1일에 찍어낸 것이에요.

**3** 기사 내용을 보면, 1980년 12월 1일에 처음으로 컬러 텔레비전 방송이 시작되었고, 그 전에는 흑백으로 방송을 보았어요. 그래서 컬러 텔레비전을 처음 본 사람들은 놀라워하였어요.

**4** ·기사의 내용은 우리나라에서 처음으로 문을 연 피자 패스트푸드 매장에 대한 것이에요.
· 기사의 내용에 '어제'라는 말이 있고, 신문을 찍어낸 날이 1985년 2월 23일이므로 매장은 1985년 2월 22일에 문을 열었어요.

**5** 많은 사람이 피자를 처음 맛보았다는 내용에서 과거에는 피자가 흔하지 않았다는 사실을 알 수 있어요.

---

**자료 더 읽기**
본문 122쪽

**1** ❶ 제목 ❷ 과거
❸ 있습니다

**2** ❶ ○ ❷ ✕ ❸ ○

**3**
○○신문     1973년 5월 5일
**서울 어린이 대공원, 첫 손님을 맞이하다**
오랜 공사를 끝마치고 오늘 서울 어린이 대공원이 문을 열었다. 서울 어린이 대공원은 잔디, 나무, 꽃 등으로 꾸며졌다. 특히 다양한 동물들을 볼 수 있는 곳이 인기가 많았다. 어린이들이 즐길 수 있는 놀이 시설도 있어 사람들의 관심을 끌고 있다. 서울 어린이 대공원은 공휴일인 어린이날에 문을 열어 많은 관람객이 이곳을 찾았다. 관람객 중에는 어린이와 함께 온 가족들이 많았다. 앞으로 서울 어린이 대공원이 어린이와 가족들의 휴식 공간이 될 것으로 기대된다.
▲ 서울 어린이 대공원 입장료: 어른(백 원), 어린이(오십 원)

**1** ❶ 제목을 보면 기사의 내용을 짐작할 수 있어요. ❷ 기사의 내용은 과거의 일을 다루고 있어, ❸ 과거의 생활 모습을 알 수 있어요.

**2** ❷ 서울 어린이 대공원이 문을 열었을 때는 동물을 볼 수 있는 곳과 놀이 시설이 있었어요.

**3** 기사에 어른과 어린이 입장료에 대한 내용이 있어요.

---

**복습하기**
본문 123쪽

**1** ☑ 아니요, 과거의 모습은 오래된 물건과 오래된 자료로도 알 수 있었습니다.    **2** 밤

---

**교과서 내용 읽기**
본문 124~125쪽

**1** 우리는 오래된 자료로 과거의 모습을 알 수 있습니다. 오래된 자료에는 일기, 노랫말, 신문 기사, 편지, 사진 등이 있습니다. 어른께서 들려주시는 과거의 이야기도 좋은 자료가 됩니다.
오래된 자료의 종류 ①
오래된 자료의 종류 ②
···› 오래된 자료로 과거의 모습을 알 수 있어요.

**2** 일기는 자신이 겪은 일을 기록하기 때문에 과거의 모습을 생생하게 알 수 있습니다. 그래서 내가 어릴 적에 쓴 일기뿐만 아니라 부모님이나 집안의 어른께서 쓰신 일기도 자료가 될 수 있습니다. 예를 들어 다음과 같이 어른이 쓰신 일기로 옛날의 학교생활을 알아볼 수 있습니다.
일기의 특징

내용을 이해한 정도만큼
나를 색칠해 봐!

쉬워.
사회 교과서를 완벽하게
이해할 수 있어.

조금 어려워.
틀린 문제를
다시 풀어 볼래!

많이 어려워.
교재를 다시
차근차근 공부할래!

가

**1975년 2월 15일**

　오늘은 국민학교 졸업식을 하였다. 이제 나도 중학생이 된다. 나는 아침 일찍 교실에 도착해서 난로에 나무를 넣어 교실을 따뜻하게 하였다. 추운 날씨에 먼 곳에서 걸어오는 친구들이 많기 때문이다. 잠시 뒤 교실에 친구들이 모였다. 나는 우리 반 60명의 친구들을 기억하려고 친구들의 얼굴을 눈에 담았다. 졸업식이 끝난 뒤에는 졸업식 때 먹는 음식으로 유행하는 짜장면을 먹었다.

⋯ 일기로 옛날의 모습을 알 수 있어요.

**3** 노랫말에도 과거의 모습이 나타납니다. 다음 노랫말처럼 옛날부터 사람들에게
　　　　　　　　　　　　　　　　　　　　　　　　　전래 동요
전해 내려온 노랫말은 옛날의 모습을 이해하는 데 좋은 자료가 됩니다.

나

동 동 동대문을 열어라.
남 남 남대문을 열어라.
열두 시가 되면은 문이 닫힌다.

⋯ 노랫말은 옛날의 모습을 알 수 있는 자료예요.

**4** 오래된 물건이나 자료를 살펴볼 때는 주의할 점이 있습니다. 먼저 오래된 물건이나 자료가 상하지 않도록 조심해서 다루어야 합니다. 물건을 보거나 만질 때, 일
　　　　오래된 물건이나 자료를 살펴볼 때 주의할 점 ①
기나 사진 등을 볼 때, 사진을 찍을 때는 물건과 자료의 주인에게 허락을 받아야 합
　　　　　　　　　　　오래된 물건이나 자료를 살펴볼 때 주의할 점 ②
니다. 어른께 물건이나 자료에 대한 설명을 들을 때는 그 내용을 글로 적는 것이 좋
　　　　　　　　　　　　　오래된 물건이나 자료를 살펴볼 때 주의할 점 ③
습니다. 설명을 녹음할 때에는 어른께 허락을 받고 녹음을 해야 합니다.

⋯ 오래된 물건이나 자료를 살펴볼 때에는 주의할 점이 있어요.

---

**1** ③, ④

**1** ① 어른의 이야기도 오래된 자료예요. ② 자신이 겪은 일을 기록한 자료는 일기예요. ⑤ 어른의 설명을 녹음할 때는 먼저 어른께 허락을 받아야 해요.

**2** ②

**2** ② 제시된 일기는 국민학교(초등학교) 졸업식과 관련한 내용이에요. 내용에서 우리 반 60명의 친구들을 기억한다고 하였으므로, 옛날에 국민학교(초등학교) 한 반에 학생이 60명 정도였다는 것을 알 수 있어요.

**3**

**3** 가 자료 내용은 졸업식과 관련한 내용이므로 졸업식 모습을 담은 사진이 알맞아요.

**4** ㉠, ㉢

**4** ㉡ 제시된 노랫말에는 대문을 연 시간에 대한 내용은 없어요.

---

❶ 자료 ❷ 주인

**정리하기**
본문 126쪽

**교과서 자료 읽기**

본문 129쪽

1 · ✕
　· ○
2 · 모래밭
　· 쉬는
　· 잔디밭
3

1 · 다리는 예전과 오늘날 모두 있어요.
　· 오늘날에는 한강 주변에 높은 건물이 많이 생겼어요.
2 · 예전에 한강 주변에는 모래밭이 있었어요.
　· 한강 주변은 예전과 오늘날 모두 휴식하는 곳이에요.
　· 한강 주변에는 예전 모래밭이 있던 자리에 잔디밭이 생겼어요.
3 제시된 증언의 내용을 보면, 밑줄 친 이곳이 예전에 모래밭이 있던 한강 주변이라는 것을 알 수 있어요.

**자료 더 읽기**

본문 130쪽

1 ❶ 옛날 ❷ 오늘날
　❸ 오늘날

2 팔달문

3

1 ❶ 옛날에는 팔달문 주변에 낮은 건물이 있어요. ❷, ❸ 오늘날에는 팔달문 주변에 건물이 많아요. 그리고 넓은 도로가 있고, 차가 많이 다녀요.
2 수원 팔달문은 옛날과 오늘날 사진에서 모두 찾을 수 있어요. 지역에는 수원 팔달문처럼 변하지 않고 그대로 있는 것도 있어요.
3 제시된 증언은 오늘날에 대한 내용이에요.

**복습하기**

본문 131쪽

1 Ⅴ 아니요, 예전과 지금의 모습이 다릅니다.　2 잔디밭　3 Ⅴ

**교과서 내용 읽기**

본문 132~133쪽

1 우리가 살고 있는 지역은 옛날과 비슷한 모습도 있고 시간이 흐르면서 달라진 모습도 있습니다. 옛날과 오늘날의 모습이 담긴 사진이나 영상을 살펴보면 지역의 달라진 모습을 확인할 수 있습니다. 다음 사진은 전라남도 광양시의 옛날과 오늘날의 사진입니다. 광양시는 바다와 맞닿아 있는 곳으로, 옛날에는 바닷가에서 김을 채취하거나 고기를 잡았습니다. 그러나 ㉠오늘날의 사진을 보면, 그 모습이 많이 변하였습니다.

↑ 옛날의 광양시 모습(『광양경제』)　　　↑ 오늘날의 광양시 모습

⋯→ 사진과 영상으로 지역의 달라진 모습을 알 수 있어요.

**2** 지역에서 오래 살았거나 지역을 잘 아는 사람의 증언으로도 지역의 변화한 모습을 알 수 있습니다. 증언을 들으면 사진이나 영상으로 확인할 수 없는 과거 모습과 옛날 사람들의 생활, 지역의 달라진 점 등을 알 수 있습니다.

지역의 달라진 모습을 확인하는 방법 ②
증언의 특징

⋯→ 증언으로 지역의 달라진 모습을 확인할 수 있어요.

**3** 지역과 관련한 이야기로도 지역의 옛날 모습을 알 수 있습니다. 그중 지명에 얽힌 이야기에는 지역의 과거 모습을 이해할 수 있는 증거가 있습니다. 경기도 화성시에 있는 병점동은 옛날에 사람들이 많이 오가는 곳이었습니다. 특히 병점동을 지나 서울로 가거나 다른 지역으로 가는 사람들이 많았습니다. 그래서 이곳을 지나가는 사람들에게 떡을 파는 가게가 많이 생겼습니다. 그러자 사람들이 이 지역을 떡을 뜻하는 '병'과 가게를 뜻하는 '점'을 붙여서 '병점'이라고 부르게 된 것입니다.

지역의 달라진 모습을 확인하는 방법 ③
병점동은 지역과 지역을 연결하는 길목에 있었음.
'병점동' 지명의 뜻

⋯→ 지역과 관련한 이야기로 지역의 옛날 모습을 알 수 있어요.

---

**1** ⑤

**2** ①, ②

**3**

**4** ❶ 지명　❷ 떡

**1** ⑤ 지명에 얽힌 이야기로 지역의 과거 모습을 알 수 있어요.

**2** ㉠은 오늘날 광양시의 모습에 해당하는 내용이에요. ③ 광양시에는 도로나 다리가 많이 생겼어요. ④, ⑤ 광양시의 옛날 모습에 대한 설명이에요.

**3** 제시된 증언은 오늘날의 광양시 모습에 해당해요.

**4** 병점동의 지명으로 옛날에 많은 사람이 이 지역을 오갔고, 사람들에게 떡을 파는 가게가 많았다는 점을 알 수 있어요.

---

❶ 다를　❷ 증언　❸ 이야기

**정리하기**
본문 134쪽

**교과서 자료 읽기**
본문 137쪽

1 달라진

3 · ×
· ☑ 옛날부터 오늘날까지 그대로 내려온 것은 무엇일까?

4 박물관, 어른

---

1 조사 주제는 지역의 달라진 모습에 대한 것이에요.

3 · 울산에서 놀러가고 싶은 곳에 대한 내용은 조사 주제에 알맞지 않아요.
· 제시된 내용은 옛날부터 오늘날까지 남아 있는 '관문성'에 대한 것이므로 '옛날부터 오늘날까지 그대로 내려온 것은 무엇일까?'의 조사 내용으로 알맞아요.

4 박물관에 갈 때는 어른과 함께 가야 해요.

---

**자료 더 읽기**
본문 138쪽

1 ❶ 다 ❷ 나 ❸ 가

2 ☑ 책에서 본 중요한 내용과 책의 제목을 종이에 따로 적어 둡니다.

---

1 ❶ 전해 내려오는 지역의 이야기를 들을 수 있는 조사 방법은 어른께 여쭈어보는 것이에요. ❷ 책의 차례에서 알고 싶은 내용을 찾을 수 있는 조사 방법은 도서관에서 책 찾아보기예요. ❸ 지역을 소개하는 누리집에서 지역의 정보를 찾을 수 있는 조사 방법은 인터넷 검색하기예요.

2 제시된 내용은 책에서 찾은 내용과 책의 제목을 따로 적어 두지 않아서 일어난 일이에요.

---

**복습하기**
본문 139쪽

1 계획서    2 조사 주제    3 어른께 여쭈어보기

---

**교과서 내용 읽기**
본문 140~141쪽

**1** 조사 활동으로 지역의 달라진 모습을 알 수 있습니다. 지역의 달라진 점을 조사할 때는 먼저 조사 계획을 세우고 그 내용을 조사 계획서로 정리합니다. 이때, 계획한 내용을 조사 주제, 조사 방법, 조사 내용, 주의할 점 등으로 구분하여 정리할 수 있습니다.
　　　　조사하기의 첫 번째 단계
　　　　조사 계획서에 들어갈 항목들
　　　　⋯→ 우리 지역의 달라진 점을 조사할 때는 계획을 세우고 조사 계획서로 정리해요.

**2** 조사 계획을 세운 뒤에는 알맞은 방법으로 조사를 합니다. 조사 방법으로 인터넷을 이용할 수 있습니다. 지역과 관련한 누리집에 들어가면 지명에 얽힌 이야기나 지역이 변화해 온 모습 등을 알 수 있습니다. 지역의 모습을 담은 사진을 찾아 저장할 수도 있습니다.
　　　　조사하기의 두 번째 단계
　　　　조사 방법 ①
　　　　인터넷 검색으로 알 수 있는 점
　　　　⋯→ 인터넷 검색으로 지역의 달라진 모습을 조사할 수 있어요.

내용을 이해한 정도만큼
나를 색칠해 봐!

쉬워.
사회 교과서를 완벽하게
이해할 수 있어.
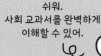

조금 어려워.
틀린 문제를
다시 풀어 볼래!

많이 어려워.
교재를 다시
차근차근 공부할래!

**3** 도서관에서 우리 지역과 관련한 책을 찾아볼 수도 있습니다. 우리 지역과 관련한 책을 찾기 어렵다면, <sub>조사 방법 ②</sub> 도서관에 계신 선생님께 자료를 찾아달라고 할 수 있습니다. 지역에 사시는 어른께 지역의 이야기를 여쭈어보는 방법도 있습니다. 어른께 여쭈어보면 <sub>조사 방법 ③</sub> 인터넷이나 책에서 찾을 수 없었던 지역의 이야기를 들을 수 있습니다.
→ <sub>어른께 여쭈어볼 때 좋은 점</sub> 도서관에서 책 찾아보기와 어른께 여쭈어보기로 지역의 달라진 모습을 조사할 수 있어요.

**4** 조사를 마친 뒤에는 조사하며 알게 된 점을 정리합니다. 다음 예시처럼 옛날부터 오늘날까지 이어져 내려온 모습과 사라지거나 새롭게 생긴 모습을 정리할 수 있습니다. <sub>조사하기의 세 번째 단계</sub> 정리한 내용을 보면서 지역 사람들의 생활 모습이 어떻게 변화하였는지 파악합니다. <sub>조사하기의 네 번째 단계</sub> 이러한 과정으로 내가 사는 지역을 더 잘 이해할 수 있습니다.

→ 조사를 마친 뒤에는 조사하며 알게 된 점을 정리하고, 조사한 내용으로 지역 사람들의 생활 모습을 파악해요.

---

1 ㉣ - ㉠ - ㉢ - ㉡

2 ❶ - ㉢ ❷ - ㉢ ❸ - ㉡

3 Ⅴ 인터넷 검색하기

4 Ⅴ 옛날 사람들은 주로 바다에서 고기 잡는 일을 하였습니다.

1 먼저 조사 계획을 세우고 조사 계획서를 만들어야 해요. 다음으로 알맞은 방법으로 조사하고, 조사하여 알게 된 점을 정리하여 그 내용으로 사람들의 생활 모습을 파악해요.

2 조사 목적에 따라 조사 방법을 선택할 수 있어요.

3 인터넷 검색으로 지역의 모습을 담은 사진을 찾아 저장할 수 있어요.

4 옛날에 울산에 사는 사람들은 주로 낮은 집에서 살았어요. 시장은 옛날부터 이어져 내려온 모습으로 오늘날 사람들도 시장을 이용하고 있어요. 오늘날 울산에는 고기 잡는 곳과 낮은 집이 사라지고 공장과 아파트가 생겼어요.

---

❶ 계획서 ❷ 인터넷 ❸ 생활 모습

**정리하기**
본문 142쪽

---

| | | | |
|---|---|---|---|
| 가로① | 증거 | 세로① | 증언 |
| 가로② | 지명 | 세로② | 물건 |
| 가로③ | 자료 | 세로③ | 계획서 |
| 가로④ | 변화하다 | 세로④ | 전래되다 |

**도전!**
**어휘 퀴즈**
본문 143쪽

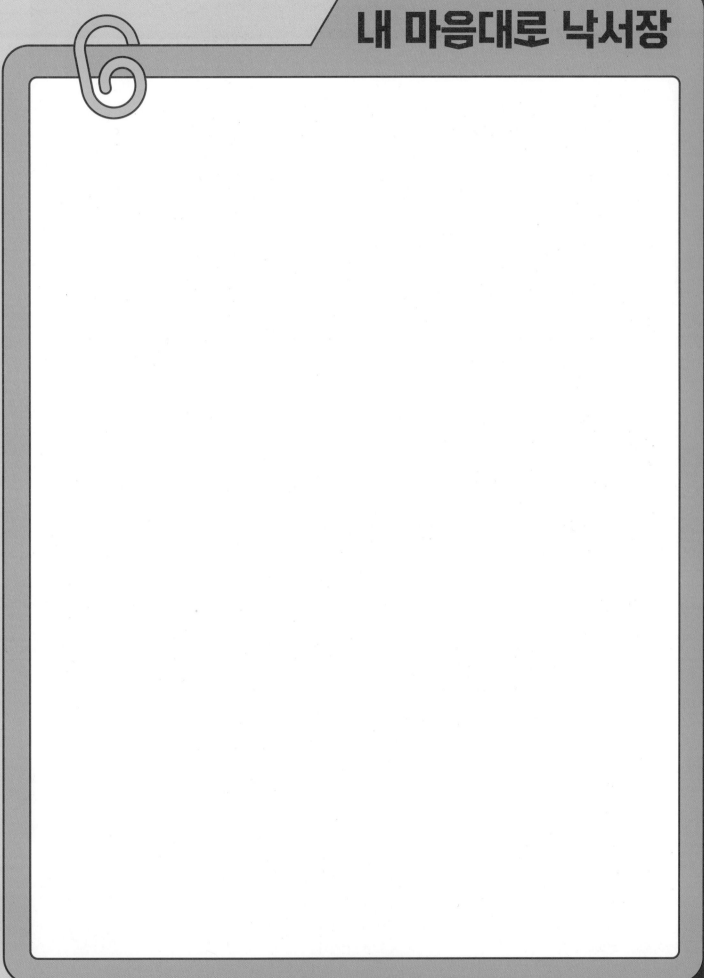